Kohlhammer

Kompass Recht

herausgegeben von Dieter Krimphove

Handelsrecht

mit Grundzügen des Wechsel- und Scheckrechts

von

Professor Dr. jur. Dieter Krimphove
Universität Paderborn

Verlag W. Kohlhammer

Inhalt der beiliegenden CD-ROM:
- Gesetze und sonstige Normen
- Gerichtsentscheidungen
- Fälle
- Multiple-Choice-Tests
- Weiterführende Informationen
- Hörfassung des Buchinhalts in MP3 (DAISY)

Die in dem Werk verwendeten Symbole bedeuten:

 = Prüfungstipps für Studenten

 = Tipps für Praktiker

 = Gesetzestext

 = Weiterführender bzw. ergänzender Text auf der CD-ROM

Alle Rechte vorbehalten
© 2010 W. Kohlhammer GmbH Stuttgart
Gesamtherstellung: W. Kohlhammer Druckerei GmbH + Co. KG, Stuttgart
Printed in Germany

ISBN: 978-3-17-021281-7

Vorwort

Der Band Handelsrecht informiert in prägnanter Form über die Fragen der Rechtsgeschäfte der Kaufleute, die einzuhaltenden besonderen Anforderungen und Sorgfaltspflichten, die den Kaufmann, in Ergänzung seiner Pflichten des BGB, treffen. Das Recht der Handelsgeschäfte des Kaufmanns berührt eine nahezu unüberschaubare Vielfalt unterschiedlichster Rechtsgebiete. Fragen des Wechsel- und Scheckrechts, des Firmen- und des Handelsvertreterrechtes des Rechts der kaufmännischen Wertpapiere und das Der kaufmännischen Haftung sind ebenso betroffen, wie Teile des Transport-, Speditions- und Lagerrechts. Alle diese Rechtsgebiete stellen speziell für den Kaufmann weitaus strengere Regeln – insbesondere hinsichtlich der Haftung, Verjährung und Stellvertretung – auf als sie für Privatleute gelten. Die Einhaltung dieser Pflichten erleichtert den Umgang der Geschäftspartner im Handelsverkehr. Ihre Kenntnis ist daher unumgänglich, um in der heutigen Praxis des Austauschs von Handelsgütern und -Dienstleistungen bestehen zu können.

Den Buchtext ergänzt eine CD. Diese ermöglicht es den Studenten den Lehrstoff einzuüben und durch interaktive Multiple-Choice-Tests und Klausurlösungen ihren eigenen Wissensstand zu ermitteln. Die Klausuraufgaben und die Fragen des Multiple-Choice-Tests sind dabei so angelegt, dass sie die in der Praxis des Handelsgeschäftes wesentlichen Probleme abdecken.

Bei der Redaktion des Textes und der CD war mir Frau Alexa Hellweg überaus behilflich. Für ihr großes Engagement und Einflussnahme auf den Text sei ihr an dieser Stelle herzlich gedankt.

Dieter Krimphove, im August 2010

Inhaltsverzeichnis

1. Kapitel   Grundlagen

I.   Die Bedeutung und Stellung des HGB im Wirtschaftsrecht

Das Handelsgesetzbuch (im Folgenden „HGB") zählt neben dem Bürgerlichen **1**
Gesetzbuch (im Folgenden „BGB") zu den wichtigsten Gesetzen des Wirt-
schaftslebens. Beide Gesetze enthalten nichts Gegensätzliches. Sie ergänzen
sich vielmehr: Der Gesetzgeber wendet hinsichtlich der Stellung des HGB die
sogenannte *„Klammermethode"* an: Die allgemeinen Regeln stehen vor der
Klammer. Sie gelten für alle in der Klammer stehenden Regelungen.
BGB (HGB, WG, ScheckG, AG, ...etc.)

Das BGB ist das **allgemeine** Gesetz. Seine Grundregeln – etwa über das Zustan- **2**
dekommen von Verträgen (§§ 142 ff. BGB), die Stellvertretung (§ 164 ff. BGB),
die Rechte bei Nichterfüllung (§§ 275 ff.; 311a BGB), Schlechterfüllung
(§§ 280 ff. BGB), Verzug (§§ 286, 288 BGB) oder bei Lieferung einer mangelhaften Ware (§§ 434 ff. BGB) sowie die Regeln über den Eigentumserwerb an beweglichen Sachen (§§ 929 ff. BGB) oder/und Grundstücken (§§ 873 ff. BGB) –
gelten auch für alle in der Klammer stehenden Spezialgesetze: So werden
Wechsel nach dem Kaufrecht des BGB verkauft, die Mitgliedschaft in einer Aktiengesellschaft erlangt man durch einen Vertrag, der nach den Regeln des BGB
zu schließen ist. Die Sachmängelrüge eines Kaufmanns richtet sich grundsätzlich nach den §§ 437 i. V. m. § 434 BGB. Nur hinsichtlich der Frage, wann die
Mängel dem Verkäufer angezeigt werden müssen, stellt das HGB verschär-
fende Sondervorschriften für Kaufleute auf.
Lediglich die **besonderen** Regeln stehen **in** der Klammer: Dies erklärt auch,
warum das BGB einen erheblich größeren Umfang als das HGB hat: Für das
HGB gelten alle bereits im BGB aufgeführten Normen.

Schalten Sie immer gedanklich die Regeln des BGB vor die des HGB.

Der Gesetzgeber erspart sich auf diese Weise das ständige Wiederholen der **3**
auch im HGB geltenden allgemeinen Normen des BGB.

II. Das HGB als Recht der Spezialvorschriften für Kaufleute

4 Diese speziellen Sondervorschriften des HGB wandeln den Inhalt der allgemeinen Regeln des BGB für den Bereich der kaufmännischen Tätigkeit ab. Das HGB ist das Spezialgesetz der Kaufleute. Seine **Normen** gehen somit als Spezialgesetz (*lex spezialis*) den allgemeinen Vorschriften des BGB vor.

5 Diese Aussage drückt nicht nur die rechtliche Bedeutung des HGB aus. Sie kennzeichnet auch die juristische Arbeitsweise:

Es empfiehlt sich – in einem ersten Schritt – einen Sachverhalt zunächst nach den Grundregeln des BGB zu lösen. **Danach** fragen Sie, ob Sonderregelungen des HGB für die eine oder andere Frage vorliegen. Diese Vorgehensweise erspart Zeit und gibt Ihrer rechtlichen Begründung eine überzeugende Struktur.

6 Nachfolgende Abbildung 1 gibt die bedeutendsten Spezialregelungen des HGB – im Vergleich zum BGB – wieder:

Nachfolgende Abb. 1 bewahrt Sie stets vor dem Übersehen handelsrechtlicher Sondervorschriften.

7

	Inhalt	BGB §§	Inhalt	HGB §§	Wirkung
Allgemeiner Teil des BGB					
1.	Auslegung von Erklärungen	133, 157	Zur Auslegung insbes. Berücksichtigung von Handelsbräuchen	346	Geltung v. Handelsbräuchen
2.	Vertragsabschluss durch Erklärung v. Angebot und dessen Annahme	146, 151, 663	Vertragsannahme auch durch Schweigen bzw. „kaufmännisches Bestätigungsschreiben"	362	Schweigen des Kaufmanns als rechtlich verbindliche Erklärung
Schuldrecht: Allgemeiner Teil					
3.	Gesetzlicher Zinssatz = 4 %; (nur bei Verzug = 5 %)	246 (288)	Gesetzlicher Zinssatz = 5 %	352	höhere Zinsen
4.	Verbot von Zinses-Zinsen	248	Zinses-Zinsen möglich im Kontokorrent	355	erweiterte Zinsberechnung

	Inhalt	BGB §§	Inhalt	HGB §§	Wirkung
5.	Leistung sofort	271	Leistung nur zu Geschäftszeiten	358 f.	Einschränkung der Leistungszeit
6.	Verweigerung der Leistung durch Schuldner, solange die ihm zustehende Leistung aus demselben Schuldverhältnis (Vertrag) noch offen ist.	273	Verweigerung der Leistung durch Schuldner, solange ihm noch aus irgendeinem Handelsgeschäft eine noch offene Leistung gegenüber dem Gläubiger zusteht.	369	Erweiterung des Zurückbehaltungsrechtes durch Erweiterung des Verzichts auf die sog. Konnexität des Anspruches und der Verpflichtung des Schuldners
7.	Zurückbehaltungsrecht an Leistungen und Sachen	273 Abs. 1 und Abs. 2	Zurückbehaltungsrecht an Sachen und Wertpapieren	369	Erweitertes Zurückbehaltungsrecht: 1. Forderung braucht sich nicht auf den zurückbehaltenen Gegenstand beziehen; 2. Zurückbehaltungsrecht auch an einer dem Schuldner zu übertragenden Sache (§ 369 Abs. 1 Satz 2 HGB)
8.	Verpflichtung zur Leistung „Zug um Zug"	274	Zurückbehaltungsrecht gewährt dem Verkäufer eine Art Pfandrecht an der zurückbehaltenen Sache	371 Abs. 1 und 2	Erweiterung der Sicherung einer ausstehenden Forderung
9.	–	–	Schuldner kann – auf Kosten des säumigen Gläubiger – die geschuldete Sache verkaufen lassen und den Erlös für sich behalten	371	Erweiterung des Befriedigungsrechts
10.	Verschulden bei Vorsatz und Fahrlässigkeit	276	Sorgfalt eines ordentlichen Kaufmanns	347	Erweiterte Verschuldensmöglichkeit
11.	Zinsen ab Verzug (= schuldhaft verspätete Leistung, trotz Fälligkeit und Mahnung)	288	Zinsen schon ab Fälligkeit der Leistung	353	früherer Zeitpunkt der Zinszahlung

	Inhalt	BGB §§	Inhalt	HGB §§	Wirkung
12.	Bei Nichtannahme der Leistung „Ware" durch den Käufer (Gläubigerverzug) trägt dieser das Risiko einer Verschlechterung oder Zerstörung der Ware	293 ff., 300	Verkäufer kann die Ware – nach vorheriger Androhung – auf Kosten des Käufers für seine Rechnung versteigern lassen.	373 Abs. 2	Verkaufsrecht des Verkäufers
13.	Recht zur Bestimmung der Leistung nach Vertrag durch hierfür im Vertrag vorgesehene Gläubiger, Schuldner od. Dritte	315	Nachträgliche Bestimmung bzgl. Form Maß u. Ä. des Kaufgegenstandes nur durch Käufer	375	Festlegung/Standardisierung der Leistungsbestimmung
14.	Bestimmung der Leistung nach „billigem Ermessen"	315	–	–	Fortfall von Schutzgrenzen
15.	Bei zögerlicher Bestimmung einer Leistung: Bestimmung durch Gericht	315 Abs. 3	Bei zögerlicher Bestimmung einer Leistung: entweder deren Bestimmung durch Verkäufer od. Schadenersatzanspruch des Verkäufers	375 Abs. 2	Erweiterte und verschärfte Folgen bei verzögerter Bestimmung einer notwendigen Leistungsbestimmung
16.	Bei zögerlicher Leistung Rücktritt vom Vertrag nur, wenn der Gläubiger (z. B.: Käufer) im Vertrag dessen Bestand an Rechtzeitigkeit der Leistung bindet.	323 Abs. 2 Nr. 2	Ist die Leistung für eine bestimmte Zeit vorgesehen, Rücktritt, wenn Schuldner im Verzug mit der Leistung.	376	Erleichterung der Rücktrittsvoraussetzungen
17.	Herabsetzung einer zu hohen Vertragsstrafe	343	–	348	Herabsetzung nicht möglich
18.	Bei Nichtannahme der Leistung durch den Gläubiger (z. B.: Käufer) (= Annahmeverzug): Hinterlegung der geschuldeten Sache; hier nur Geld, Wertpapiere, Urkunden, Kostbarkeiten	372	Beim Annahmeverzug Hinterlegung jeder geschuldeten Sache auf Kosten des Käufers möglich	373	Erweiterung der Hinterlegungsfähigkeit

	Inhalt	BGB §§	Inhalt	HGB §§	Wirkung
19.	Hinterlegung nur beim örtl. zuständigen Amtsgericht (Hinterlegungsstelle)	§ 374 Abs. 1 i. V. m. § 1 Hinterlegungs-Ordnung	Hinterlegung in öffentlichem Lagerhaus od. an sonst sicherer Stelle	373 Abs. 1	Erweiterung des Hinterlegungsortes
20.	Verkäufer erfüllt durch die Hinterlegung und braucht nicht mehr zu leisten	378	Nur Befreiung des Schuldners (z. B.: Verkäufers) von der Aufbewahrung der Sache. Nur bei Ausschluss der Rücknahme der Sache Erfüllung der Leistungspflicht des Verkäufers	373 Abs. 1	Erleichterte Erfüllung der Schuld
21.	Verweis des Gläubigers auf die hinterlegte Sache	379	Möglichkeit des Verkäufers, – auf Kosten des säumigen Käufers – die hinterlegten Sachen verkaufen zu lassen und den Erlös zu behalten	373 Abs. 2 Abs. 3	Selbsthilfeverkauf
22.	Ausschluss der Abtretung einer Forderung	399	–	354a	Erweiterung der mögl. Rechtsgeschäfte

Schuldrecht: Besonderer Teil

	Inhalt	BGB §§	Inhalt	HGB §§	Wirkung
23.	Ausschlussfristen für Sachmängel: 30 Jahre bei Immobilien; 5 Jahre bei Schäden am Bauwerk; sonst 2 Jahre	434, 438	unverzügliche Untersuchung und unverzügliche Rüge	377 Abs. 1, 2	Verschärfung der Warenannahmeanforderungen durch kürzere Fristen der Mängelgewährleistung
24.	–	–	Verkauf der bemängelten Ware, falls diese verdirbt	379 Abs. 2	Notverkauf
25.	Sonderregelungen für Herstellung eines Einzelstückes (Werkes) aus vom Unternehmer zu beschaffenden Materialien	651 Satz 3	Anwendung der verschärften Haftung des Verkäufers auch für den Kauf von Wertpapieren und den Werklieferungsvertrag	381	Erweiterung der Ausschlussfristen (siehe: Nr. 23) auf andere Geschäfte des Kaufmanns

	Inhalt	BGB §§	Inhalt	HGB §§	Wirkung
26.	Unentgeltliche Geschäfte (hier: Auftrag) mögl.	662	Grundsatz der „Entgeltlichkeit" der kaufmännischen Geschäfte (hier: Ersatz der entstehenden Provisionen, Lagerkosten, Zinsen)	354	Standardisierung des Handelsverkehrs (siehe: auch Handelsbräuche: Nr. 1)
27.	Schriftform der Bürgschaftserklärung, des Schuldversprechens, bzw. des Schuldanerkenntnisses	766, 780, 781	Geschäftsabschlüsse formlos möglich	350	Formfreiheit: Verzicht auf Schutzrechte
28.	Verweis des Bürgen an den Gläubiger (Bürgschaftsnehmer) eines Dritten, sich erst an den Dritten zu halten, bevor er den Bürgen in Anspruch nehmen will (Einrede der Vorausklage)	771	Einrede der Vorausklage ausgeschlossen	349	Erleichterte Zugriffsmöglichkeit des Bürgschaftsnehmers
29.	Anweisung: Übertragung durch schriftl. Erklärung	783, 792	Kaufmännische Anweisung: Übertragung durch Indossament möglich Weitere kaufmännische Orderpapiere: Transportversicherungspolice, Lagerschein, Ladeschein, Verpflichtungsscheine, Konnossement	363 ff.	Erleichterung und Erweiterung des Geschäftsverkehrs
Sachenrecht					
30.	Erwerb des Eigentums eines Dritten von einem Nichteigentümer durch „guten Glauben" des Erwerbers an die Eigentümerstellung des nichtberechtigten Veräußerers	932 ff. (1207, 135 f. 161 Abs. 3)	Gutgläubiger Eigentumserwerb durch guten Glauben an die Eigentümerstellung und/oder guten Glauben an die Verfügungsberechtigung des Veräußerers	366	Erweiterung der Möglichkeit eines Gutgläubigen Erwerbs

Inhalt	BGB §§	Inhalt	HGB §§	Wirkung
31. Auswechslung einer durch Hypothek gesicherten Forderung durch Eintragung der Änderung ins Grundbuch	1180	automatisches „Auswechseln" und Besichern der Forderung im Kontokorrentverhältnis	356 Abs. 1	Erleichterung des Geschäftsverkehrs
32. Pfandinhaber muss den Verkauf des Pfandes einen Monat vorher androhen.	1234	Pfandinhaber muss den Verkauf des Pfandes eine Woche vorher androhen. Gilt auch für den Verkauf einer zurückbehaltenen Sache (371)	368	Fristverkürzung

Abb. 1: Die wichtigsten Spezialvorschriften des Handelsrechts

Neben den Spezialregelungen für Kaufleute im HGB gibt es noch einige Sondervorschriften in sog. Nebengesetzen (z. B.: Aktiengesetz [AG], GmbH-Gesetz [GmbHG], Versicherungsvertragsgesetz [VVG], Gesetz über die Angelegenheiten der freiwilligen Gerichtsbarkeit [FGG], Wechsel- und Scheckgesetz [WG bzw. ScheckG], dem Wertpapierhandelsgesetz [WpHG] und dem Börsengesetz [BörsG]). Ferner existieren spezielle meist branchentypische Handelsbräuche sowie Allgemeine Geschäftsbedingungen für Kaufleute.

→ Alle hier angegebenen Gesetze finden Sie zumindest auszugsweise auf der anliegenden CD.

Auf die Sondervorschriften geht die Darstellung an geeigneter Stelle ein.

III. Die Ziele des HGB

Wie kein anderes Recht ist das Handelsrecht geprägt von ökonomischen Erwägungen. Die Kenntnis dieser Zielsetzungen ist im HGB besonders wichtig, um den Inhalt von **unbestimmten Rechtsbegriffen** des HGB festlegen zu können. **8**

1. Beschleunigung des Warenverkehrs. Vorrangiges **Ziel des HGB** ist es, die Geschäfte unter Kaufleuten rasch abzuwickeln. Dies beschleunigt den Rechts- und Geschäftsverkehr. Ein rascher Warenverkehr und Warenumsatz reduziert **9**

nicht nur unnötige Lagerkosten. Er gewährleistet auch eine zügige, effiziente Belieferung der Kunden und die problemlose Versorgung des Marktes mit den nachgefragten Gütern. Die rasche Geschäftsabwicklung ist daher nicht nur für die Versorgung der Endverbraucher wichtig. Sie garantieren ebenfalls eine schnelle Versorgung von Kaufleuten mit den für Handel und Produktion benötigten Gütern und Rohstoffen. Auf diese Weise beugt eine rasche Vertragsdurchführung unter Kaufleuten Versorgungsengpässen in Handel und Produktion vor. Die Rechtslage des HGB sichert damit das Funktionieren der Gesamtwirtschaft.

10 Der Grundsatz der Beschleunigung von Handelsgeschäften unterstützt insbesondere die

- Festsetzung kurzer Fristen im Handelsverkehr: siehe: Abb. 1: Zeile Nr. 32; auch Nr. 23, 25
- Reduktion von Gegenrechten gegen einen bestehenden Anspruch: siehe: Abb. 1: Zeile Nr. 28
- Verminderung von Formvorschriften: siehe: Abb. 1: Zeile Nr. 27, 31
- Die verschärften Rechtsfolgen für den Fall, dass der Käufer Waren nicht fristgerecht annimmt oder sonst zögerlich handelt, siehe: Abb. 1: Zeile Nr. 2, 3, 6, 8, 11, 12, 15, 16, 17–20, 23, 25. Diese Regelungen zwingen den Kaufmann zu einer raschen Disposition.

11 **Beispiel:**
Beim Handelskauf ist der Verkäufer berechtigt, die Ware zu seinen Gunsten – aber auf Kosten des Käufers – versteigern zu lassen, wenn der Käufer im Annahmeverzug ist. Der Verkäufer kann dann den in der Versteigerung erzielten Preis für die Ware behalten, die der Käufer nicht in der vorgegebenen Zeit abnimmt. Diese Rechtsfolge zwingt den Käufer, schnell zu reagieren. Der Verkäufer seinerseits braucht nicht lange zu warten, um an den Verkaufserlös zu kommen.

12 Auch die „**Typisierung**" oder „**Standardisierung**" des kaufmännischen Geschäftsverkehrs dient der Beschleunigung des Warenaustausches. Denn vorgegebene Handlungsformen erleichtern ein zeit- und kostenaufwendiges Verhandeln. Hierin liegt der Wert der „Handelsbräuche" im HGB (siehe: Abb. 1: Zeile Nr. 1,2, 3, 7–9, 10, 11, 13, 14, 17,18–20, 22, 23–25, insbes. Nr. 26, und Nr. 28, 29). Zu diesem Zweck enthält das HGB ferner eine Reihe standardisierter Rechtsgeschäfte des Kaufmanns (Kommissionsgeschäft [383 ff. HGB]; Fracht-, [407 ff. HGB], Speditions-[453 ff. HGB], Lagergeschäft [467 ff. HGB])

- Der Beschleunigung des Rechtsverkehrs dienen insbesondere Vermutungen und Fiktionen. Bei einer Vermutung oder Fiktion schließt der Gesetzgeber auf das Vorliegen von Tatsachen, die rechtlich von Bedeutung sind. Dies geht bei einer Fiktion sogar so weit, dass der Gesetzgeber Tatsachen unterstellt, die in der Realität gar nicht vorliegen:

Beispiel 1:   **13**
Versäumt etwa der Kaufmann, die ihm gelieferte Ware nach Erhalt unverzüglich zu untersuchen und zu rügen, unterstellt § 377 Abs. 2 HGB, der Kaufmann sei mit der Ware einverstanden; selbst wenn diese gravierende, offensichtliche Fehler und Mängel aufweist (siehe oben: Abb. 1, Zeile Nr. 23).

Die Zeitersparnis der Vermutung und/oder Fiktion liegt darin, dass zu ihrer **14** Annahme weitaus weniger oder leichter zu ermittelnde Voraussetzungen erfüllt sein müssen als bei dem Tatbestand, den Sie unterstellen.

Beispiel 2:   **15**
Der Inhaber der Firma „Karl Schmidt Heiz- und Klimatechnik" kauft 6 Flaschen Rotwein. Liegt hier ein Handelsgeschäft vor?

Lösung:
§ 344 vermutet, dass ein Handelsgeschäft immer dann vorliegt, wenn ein Kaufmann im Geschäftsverkehr tätig wird. Allein das **Tätigwerden** des **Kaufmanns** ist einfach nachzuweisen. Hier genügt lediglich festzustellen, dass sich der Kaufmann geschäftlich betätigt hat. Weitaus komplizierter wäre die Frage nach dem Handelsgewerbe zu beantworten. Denn schließlich könnte Herr Schmidt die 6 Flaschen Wein auch privat, etwa als Geschenk gekauft haben. Über diese Frage braucht aber nicht entschieden zu werden, denn § 344 HGB unterstellt, dass ein Handelsgewerbe in diesem Fall gegeben ist.

Die Verwendung von **Vermutungen** und **Fiktionen** spart nicht nur Zeit, son- **16** dern auch den Beteiligten erhebliche Such- und Informationskosten: Der Geschäftspartner eines Kaufmanns braucht sich beim Vorliegen einer Vermutung oder Fiktion nicht aufwendig danach zu erkundigen, ob ein Handelsgewerbe vorliegt oder ob der Kaufmann tatsächlich mit der Lieferung der fehlerhaften Ware einverstanden ist. Das Entstehen dieser Kosten ist auch gesamtwirtschaftlich schädlich. Zum einen entziehen derartige Ausgaben dem Kaufmann Finanzmittel, die dieser an geeigneter Stelle betriebswirtschaftlich sinnvoller einsetzen könnte. Zum anderen verbessern derart kostenaufwendige Informationen die Qualität der Ware oder Dienstleistung selbst nicht. Abbildung 2 bietet einen Überblick über die wichtigsten Vermutungen und Fiktionen des Handelsrechts:

17

Norm des HGB	einzig zu erfüllende Voraussetzung	Vermutung
§ 5	Firma im Handelsregister eingetragen	Vorliegen eines Handelsgewerbes
§ 15	Eintragung bzw. Nichteintragung im Handelsregister	Inhalt Handelsregister ist gültig
§§ 48, 49	Prokurist	Zu allen Geschäften (außer Grundstücksveräußerungen oder Belastungen) berechtigt
§ 54	Handlungsbevollmächtigter	Zu allen Geschäften, die dieses Gewerbe mit sich bringt, berechtigt
§ 55 Abs. 4	Abschlussvertreter	Neben den Geschäften, die dieses Gewerbe mit sich bringt, auch berechtigt zur Entgegennahme von Mängelrügen und Beweissicherungen.
§ 56	Angestellter im Laden oder Warenlager	Zu Verkäufen und zum Empfang von rechtsgeschäftl. Erklärungen ermächtigt
§ 91a (bzw. § 75h)	Geschäftsherr schweigt bei Bekanntwerden einer ohne Vertretungsmacht vorgenommenen Vertretung durch den Handelsvertreter bzw. Handlungsgehilfen	Geschäft genehmigt
§ 344	Geschäftstätigkeit des Kaufmanns	Zu seinem Handelsgewerbe gehörig
§ 346	kaufmännisches Bestätigungsschreiben?	Inhalt des Schreibens ist richtig
§ 362	Schweigen auf Antrag ein Geschäft eines Dritten zu besorgen	Schweigen = Annahme des Angebotes
§ 377 Abs. 2	verspätete Untersuchung oder verspätete Rüge der gelieferten Ware	Mangelhafte Ware genehmigt

Abb. 2: Die wichtigsten gesetzlichen Vermutungen oder Fiktionen des Handelrechts

Zu beachten ist in diesem Zusammenhang außerdem Folgendes: **18**
- Der zeit- und kostensparende Effekt tritt ebenfalls bei den handelsrechtlichen Regelungen über den gutgläubigen Erwerb des Eigentums von einem nichtberechtigten Veräußerer ein: Um eine Sache von einem Nichtberechtigten erwerben zu können, genügt hier, dass der Veräußerer die Sache in seiner tatsächlichen Gewalt hat, um seine vermeintliche Eigentümerstellung oder seine Veräußerungsberechtigung nachweisen zu können.
- Das HGB erweitert die Möglichkeit des gutgläubigen Eigentumserwerbs, indem es den guten Glauben des Erwerbers nicht nur an die Eigentümerstellung des Veräußerers, sondern auch an dessen Veräußerungsberechtigung (§ 366 HGB, auch § 372 HGB) ausreichen lässt (siehe: Abb. 1: Zeile Nr. 30).

2. Wettbewerbsfähigkeit des Kaufmanns. Typisch für das deutsche HGB ist fer- **19** ner, dass es dem Kaufmann einen großen Freiraum bei seiner wirtschaftlichen Tätigkeit garantiert (Abb. 1: insbesondere: Zeile Nr. 3, 6, 10, 14 f., 16, 17, 20,22, 24, 27 f., 31 f.) Auch hierfür sprechen ökonomische Gründe. Der Kaufmann steht in einem ständigen Wettbewerb zu seinen Konkurrenten. Dieser Wettbewerb ist wirtschaftlich sinnvoll, denn er gewährleistet – über den Preismechanismus –, dass die Anbieter die höchste Qualität ihrer Waren oder Dienstleistungen zu dem geringsten Preis anbieten. Damit sich der Kaufmann diesem Wettbewerbsprozess aussetzen kann, muss er die größtmögliche **Handlungsfreiheit** haben. Die zum Teil starren Schutzregeln des BGB passen hier nicht. Sowohl der Kaufmann als auch das Handelsrecht müssen flexibel sein. Eine Vielzahl handelsrechtlicher Bestimmungen sind daher durch die Absprache der Kaufleute abänderbar. Gerade hierin liegt die eigene Bedeutung von Handelsbräuchen.

3. Kaufmännisches Risiko. Die größtmögliche Freiheit des Kaufmanns bedingt **20** andererseits, dass das HGB nicht gerade seinem Schutz dient. Im Vergleich zum BGB stellen nahezu alle Normen des HGB die Kaufleute schlechter und setzt sie insbesondere großen **finanziellen Gefahren** aus (siehe: Abb. 1: Zeile Nr. 2, 4, 6–9, 10, 11, 12, 14–16, 17, 21, 22, 23–25, 28, 30, 31). (Lediglich die §§ 62 ff. HGB enthalten einige Schutzvorschriften für den Handlungsgehilfen.)

Oft empfiehlt es sich, nicht auf den Schutz des BGB zu verzichten, nur um im Rechtsverkehr als Kaufmann zu gelten.

Dies belegt folgender Fall:

21

> **Beispiel (Alexa's Friseursalon):**
> Frau Alexa von Hellweg, betreibt mit ihrem Ehemann einen kleinen Friseur-
> salon. Um gesellschaftlich einen noch besseren Eindruck zu machen, lässt
> sie sich als Kaufmann in das Handelsregister eintragen. Angelockt durch
> einen sog. „todsicheren Geheimtipp" eines ihrer Kunden kauft Frau von Hell-
> weg – nach einer entsprechenden Beratung i. S. d. § 37d HGB. Wertpapier-
> handelsgesetz – einen „Warrant" in Höhe von 130.000,– € ein. Hierzu nimmt
> sie einen Kredit in Höhe von 100.000,– € zu 12,5 % Zinsen auf. Auch ihr
> Gatte, Herr Hellweg, möchte ein solches Geschäft abschließen. Dazu hat er
> ein Darlehen in Höhe von 370.000,– € aufgenommen. Frau von Hellweg si-
> chert das 370.000,– € schwere Darlehen in einem zweiminütigen Telefonat
> mit der örtlichen Sparkasse durch eine Bürgschaft ab. Als die Kurse auch nur
> leicht fallen, stellt Frau von Hellweg fest, dass der Tipp wirklich todsicher
> war, denn von der Anlage ist nun nichts mehr übrig. Aus der Anlage können
> die Eheleute von Hellweg keinen Gewinn erzielen. Nach Abzug von Provisi-
> onen, Courtagen und Depotkosten bleibt nichts. Dafür läuft die 12,5 %tige
> Zinszahlungspflicht weiter.
> Für das Darlehen ihres Gatten hat sich Frau von Hellweg wirksam gegenüber
> der Sparkasse verbürgt, denn die Einhaltung einer Schriftform (§ 766 BGB)
> entfällt für den Kaufmann (§ 350 HGB) (siehe: Abb. 1: Zeile 27). Frau von
> Hellweg kann noch nicht einmal die Sparkasse auffordern, sich zunächst an
> ihren Gatten zu halten. Denn die „Einrede der Vorausklage" (§ 771 BGB) ist
> für den Kaufmann ausgeschlossen (§ 349 HGB) (siehe Abb. 1: Zeile Nr. 28).

Bürgschaften eines Kaufmanns sind immer „selbstschuldnerische Bürgschaften". D. h. der kaufmännische Bürge kann sich **nicht** darauf berufen,
der Gläubiger möge zunächst bei dem Schuldner, für den er sich verbürgt
hat, sein Glück versuchen.

 → Anleitung zur klausurtechnischen Lösung I

IV. Zusammenfassung

Im Gegensatz zu anderen Rechtsordnungen Europas stellt das deutsche HGB **22** keinen Gesamtkodex des Rechts der Handelsgeschäfte dar. Das HGB enthält vielmehr (lediglich) Spezialvorschriften zum BGB. Ohne das BGB ist das HGB nicht verständlich.

Diese Spezialvorschriften dienen vorwiegend dazu, den Handelsverkehr schneller zu machen, d. h. die Abwicklung von Handelsgeschäften zu beschleunigen.

Dies hat überwiegend ökonomische Vorteile (z. B.: die rasche, ausreichende Versorgung in Wirtschaftsbeziehungen mit Gütern und/oder Dienstleistungen, die Reduktion der Bereithaltung von kostenintensiver Lagerfläche etc.).

Zu dieser Beschleunigung dienen insbesondere folgende Rechtsinstitute: **23**
- Aufhebung von Formvorschriften des allgemeinen bürgerlichen Rechts im Handelsverkehr
- kurze Fristen zur Abwicklung von kaufmännischen Rechtsgeschäften
- Reduktion oder erschwerte Geltendmachung von Gegenrechten

Damit verbunden ist
- die Standardisierung oder rechtliche Typisierung kaufmännischen Verhaltens
- die verschärfte Anforderungen an Sorgfaltspflichten der Kaufleute und deren höhere Sanktionierung durch eine verschärfte Haftung sowie
- zahlreiche Vermutungen und Fiktionen.

Den oben genannten gesamtwirtschaftlichen Vorteilen steht allerdings das in- **24** dividuelle Risiko des einzelnen Kaufmanns gegenüber. Dieses Risiko drückt sich insbesondere in seiner erweiterten Haftung aus.

Das Handelsrecht kennzeichnet daher die Zunahme der Anforderungen des einzelnen Kaufmanns an seine Besonnenheit, Aufmerksamkeit und Umsicht bei der Anbahnung und Durchführung seiner Geschäfte.

→ Anregungen zum Weiterdenken I

2. Kapitel   **Die Kaufmannseigenschaft**

25 Das HGB ist **Sonderrecht des Kaufmanns** (siehe oben: Rn. 4). Dreh- und Angelpunkt der Anwendbarkeit des HGB ist damit die Kaufmannseigenschaft. Grundsätzlich genügt, dass lediglich ein am Geschäft Beteiligter „Kaufmann" ist (sog. **„einseitiges Handelsgeschäft"**, §345 HGB). Immer dann, wenn es wirtschaftlich besonders gefährlich wird, verlangt das HGB, dass beide Geschäftspartner Kaufleute i. S. d. HGB sind (sog. **„beidseitiges Handelsgeschäft"**, etwa: §§ 346, 353, 369, 377, 379, 391 HGB siehe Abb. 1, Zeile Nr. 1, 6 ff., 11, 23, 24, 25, dazu auch Rn. 52, 57, 120, 176). Wann jemand „Kaufmann" ist, bestimmen die §§ 1–6 HGB. Das HGB unterscheidet den **„Ist-Kaufmann"** vom **„Kann-Kaufmann"**, **„Form-Kaufmann"**, **„Fiktiv-** bzw. **Schein-Kaufmann":**

I.   Der „Ist-Kaufmann"

26 Ist-Kaufmann ist jemand zwangsläufig allein auf Grund der von ihm ausgeübten Tätigkeit:

> Beim Ist-Kaufmann kommt es allein auf seine Tätigkeit an. Diese macht ihn zum Kaufmann. Ob der Ist-Kaufmann im Handelsregister eingetragen ist oder nicht, spielt hinsichtlich seiner Kaufmannseigenschaft keine Rolle.

27 Ganz bedeutungslos ist aber die Eintragung für den Ist-Kaufmann nicht: Das Amtgericht, das das Handelsregister führt, kann nämlich den Ist-Kaufmann – unter Androhung von Zwangsgeld – zur Anmeldung auffordern (§ 14 HGB, § 132 FGG).

28 Die Tätigkeit eines Ist-Kaufmanns muss bestehen in der
- Ausübung eines Handelsgewerbes, das
- nach seiner Art oder seinem Umfang einen „in kaufmännischer Weise eingerichteten Geschäftsbetrieb" erfordert.

14

1. Handelsgewerbe. Ein Handelsgewerbe i. S. d. HGB betreibt, wer in kauf- **29**
männischer Weise dauerhaft und selbständig eine wirtschaftliche Tätigkeit
planmäßig mit der Absicht betreibt, Gewinn mit ihr zu erzielen. Unter den
Begriff des Handelsgewerbes zählt neben dem „**Handel**" und der „**Industrie**"
auch das „**Handwerk**". Das HGB unterscheidet hier nicht mehr.

Der Umstand, dass es für „Handel", „Industrie" und „Handwerk" verschiedene berufständische Organisationen und Kammern gibt, berührt die Anwendbarkeit des HGB auf alle diese Wirtschaftsbereiche nicht.

Keine Handelsgewerbetreibende – und damit keine Kaufleute i. S. d. § 1 HGB **30**
– sind sog. **Freiberufler** wie Architekten, Ärzte, Dolmetscher, Künstler, Notare,
Patentanwälte, Privatlehrer, Rechtsanwälte, Schriftsteller, Steuerberater, Über-
setzer, Wirtschaftsprüfer, Wissenschaftler etc. (siehe dazu § 18 EStG). Für ihre
Tätigkeit gelten zum Teil Sondernormen in Gestalt von Standesrecht.

Auch wenn der Wortlaut des § 1 dies nicht ausdrücklich erwähnt, setzt § 1 HGB **31**
das „selbständige Führen" eines Gewerbebetriebes voraus. Das HGB ist somit
nicht anwendbar auf **Arbeitnehmer**. Das Unterscheidungsmerkmal liegt in der
„Selbständigkeit" der Entscheidung und in der Übernahme des unternehmeri-
schen Risikos: Ein Arbeitnehmer handelt nach Weisung seines Arbeitgebers
oder seines Vorgesetzten (sog. Weisungsgebundenheit). Demgegenüber leitet
der Kaufmann eigenverantwortlich sein Unternehmen bzw. seinen Gewerbebetrieb.

> **Beispiel 1 (Der Arbeitnehmer):** **32**
> Der Maschinenschlosser Vitali Schäfer tüftelt (während seiner Arbeitszeit)
> neue Verbesserungsvorschläge für die Produktion seines Arbeitgebers aus.
> Sein Arbeitgeber hat ihm innerhalb eines halben Jahres hierfür schon sechs-
> mal eine Prämie in Höhe von je 5.500 € ausgezahlt. Herr Schäfer hat wahr-
> scheinlich in diesem Halbjahr durch seine Erfindungen mehr verdient als in
> einem ganzen Jahr durch seinen Arbeitslohn. Trotzdem ist er weiter als Ar-
> beitnehmer weisungsabhängig, kein Gewerbetreibender und somit kein
> Kaufmann i. S. d. HGB. Die Prämienzahlungen resultieren aus dem Arbeit-
> nehmererfindungsgesetz.

33   **Beispiel 2 (Der selbständige Erfinder):**
Auch wenn Herr Schäfer kündigt und sich nun ausschließlich seinen wissenschaftlichen Entdeckungen und Erfindungen widmet, ist er kein Kaufmann: Er übt als freier Erfinder eine rein wissenschaftliche Tätigkeit und damit kein Gewerbe aus.

34   **Beispiel 3 (Das „Ingenieur-Büro"):**
Erst wenn Herr Schäfer seine Erfindungen wirtschaftlich vermarktet – indem er z. B. für seine Erfindungen Patente anmeldet, diese verwaltet, ein Ingenieur-Büro eröffnet und anderen Interessenten seine Erfindungen zugänglich macht, indem er an diese Lizenzen verkauft – betreibt er ein Gewerbe i. S. d. § 1 HGB.

Unterscheiden Sie in jedem Fall den hier in Frage stehenden Begriff des „Handelsgewerbes" von dem des „Handelsgeschäftes": Ein Handelsgeschäft ist jedes Rechtsgeschäft, das ein Kaufmann im Rahmen seines Handelsgewerbes betreibt (vgl.: §§ 343, 344 HGB). Ein Handelsgeschäft setzt also ein bestehendes Handelsgewerbe voraus.

35   **2. In kaufmännischer Weise eingerichteter Geschäftsbetrieb.** Der Gewerbebetreibende wird erst dann nach § 1 HGB zum Kaufmann, wenn seine Tätigkeit einen „**in kaufmännischer Weise eingerichteten Geschäftsbetrieb**" erfordert.

Ausnahmsweise unterfallen **Handelsvertreter** (§ 84 Abs. 4 HGB), **Handelsmakler** (§ 93 Abs. 3 HGB), **Kommissionäre** (§ 383 Abs. 2 HGB), **Frachtführer** (§ 407 Abs. 3 Satz 2 HGB), **Spediteure** (§ 453 Abs. 3 Satz 2 HGB), **Lagerhalter** (§ 467 Abs. 3 Satz 2 HGB) den Regeln des HGB selbst dann, wenn ihre Tätigkeit keinen in kaufmännischer Weise eingerichteten Gewerbebetrieb erfordert.

36   Der Gesetzgeber will andere Berufsgruppen mit dem Kriterium „Kleingewerbetreibende" nicht automatisch zu Kaufleuten machen, und damit den harten Anforderungen des HGB unterziehen.
Ob und ab wann ein in kaufmännischer Weise eingerichteter Geschäftsbetrieb

besteht, ist oft sehr schwer zu entscheiden. Anhaltspunkte für die Erforderlich-
keit eines in kaufmännischer Weise zu führenden Geschäftsbetriebes sind:

- der Umfang der Leistungen bzw. des Warenangebotes   **37**
- die Inanspruchnahme von Krediten und Finanzierungsinstrumentarien
- der Umgang mit Wechseln
- ein hohes Umsatzvolumen
- ein umfangreicher Lagerbestand
- das Anlage- und Umlaufvermögen
- die Höhe der zu zahlenden Pacht
- die Größe des Geschäftslokales
- eine erforderliche betriebliche Organisation, etwa durch mehrere Arbeitnehmer
- die Kundenzahl
- die Vielfalt, Umfang, Komplexität und Schwierigkeit der geschäftlichen
  Handlungen (z. B.: Auslandsgeschäft mit zahlreichen Formalitäten: Ein-
  und Ausfuhrgenehmigungen, Transport-Versicherungspolicen, Akkreditiv).

Beispiel (Alexa's Friseursalon):   **38**
Der zusammen mit ihrem Gatten betriebene **Friseursalon** (siehe Beispiel in
Rn. 2) ist so klein, dass er keiner kaufmännischen Buchführung bedarf. Hier
genügt vielmehr die sogenannte „einfache Buchführung". Frau von Hellweg
ist daher kein Kaufmann i. S. d. § 1 HGB.

Beispiel (Wiesners Weinhandel):   **39**
Anders ist es im Fall der Weinhandlung Wiesner: Herr Wiesner hat u. a. das
Importgeschäft zu organisieren. Seine Geschäfte machen die Mithilfe von
immerhin 29 Angestellten nötig. Auch deren Gehälter, Urlaubs- und Fehlzei-
ten und Sozialversicherungen muss er korrekt verbuchen und verwalten.
Herr Wiesner ist daher Kaufmann i. S. d. § 1 HGB.

Noch so ein Fall:

40   **Beispiel (Blattbeers Bauaufsicht):**
Der Diplom-Ingenieur, Herr Blattbeer, ist seit längerem arbeitslos. Er bietet „schwarz" und ohne das Arbeitslosengeld zahlende Arbeitsamt hiervon zu unterrichten gelegentlich seine Dienste als „Bauaufsicht" an. Im letzten halben Jahr besuchte er im Auftrag seiner 32 Kunden insgesamt 44 verschiedene Baustellen, auf denen er die Leistungen von über 70 Bauunternehmer und deren Subunternehmen auf Mängel kontrollierte. Den erforderlichen Schriftverkehr erledigt er sehr nachlässig. Ist Herr Blattbeer Kaufmann i. S. d. § 1 HGB?

Lösung:
Hier erfordert die umfangreiche Geschäftstätigkeit mit 32 Kunden und 70 Unternehmen einen aufwändigen und umfangreichen Schriftverkehr und somit, nach § 1 HGB, einen kaufmännisch zu führenden Gewerbebetrieb.

- Unbeachtlich ist, dass es sich bei der Tätigkeit um eine reine Dienstleistung (Bauaufsicht) handelt. Denn § 1 HGB spricht nur von Gewerbebetrieb, ohne zwischen Produktion und Dienstleistung zu unterscheiden.
- Dass Herr Blattbeer als ausgebildeter Diplom-Ingenieur tatsächlich zu einer kaufmännischen Buchführung nicht in der Lage ist und sehr „unkaufmännisch", d. h. schlampig den Schriftverkehr erledigt spielt keine Rolle. Es genügt für § 1 HGB der Umstand, dass der Betrieb eine kaufmännische Führung erfordert. Nicht ist vorausgesetzt, dass der Kaufmann diese auch leistet bzw. leisten kann.
- Unerheblich für die Beurteilung der Kaufmannseigenschaft ist ebenfalls, dass Herr Blattbeer dem Arbeitsamt seine Tätigkeit, insbesondere seine Einnahmen, nicht meldet und seine Dienste „schwarz" durchführt. Sollten das Arbeitsamt, die Sozialversicherungsträger und die Staatsanwaltschaft hiervon Kenntnis erlangen, drohen Herrn Blattbeer erhebliche Sanktionen. Für die Annahme seiner Kaufmanns-Eigenschaft nach § 1 HGB ist es jedoch gleichgültig, ob die Tätigkeit rechtmäßig ist oder nicht. Denn das HGB verfolgt andere Zwecke als die Gesetze zur Verhinderung der Schwarzarbeit und des Versicherungsbetruges.
- Herr Blattbeer ist daher Kaufmann i. S. d. § 1.

41   Die Frage, wann eine Tätigkeit einen in kaufmännischer Weise eingerichteten Gewerbebetrieb erforderlich macht, ist von Fall zu Fall unterschiedlich zu beantworten. Das schafft erhebliche **Rechtsunsicherheit**. In einigen Fällen hilft auch hier das Gesetz; und zwar mit der Fiktion des § 5 HGB (siehe: Abb. 2). Sofern nämlich jemand im Handelsregister als Kaufmann eingetragen ist, kann er sich – nach § 5 HGB – nicht darauf berufen, er betreibe kein in kaufmännischer Weise zu leitendes Gewerbe.

Die Problematik, ob jemand ein in kaufmännischer Weise zu führendes Gewerbe (sprich Handelsgewerbe) betreibt und daher Kaufmann i. S. d. § 1 HGB ist, erledigt sich weitgehend, wenn dieser im Handelsregister eingetragen ist. Hier lohnt sich ein Blick ins Handelsregister!

Probleme entstehen in der Praxis ferner, wenn sich ein nicht im Handelsregister eingetragener „Kleinst-Unternehmer" mit der Zeit zu einem „echten" Kaufmann i. S. d. § 1 HGB „mausert". **42**

Beispiel (Öko-Bäckerei): **43**

Seit ca. August 2001 buk Dr. Katharina Brune jedes Wochenende 23 ihrer Öko-Brötchen. Von diesen verkauft sie gelegentlich 25 an ihre begeisterten Nachbarn. Diese Geschäfte laufen so gut, dass sie zum 1.1.2002 ein kleines Ladenlokal anmietet. Zum 23.2.2002 erweitert sie ihr Angebot um 7 verschiedene Sorten von Öko-Brot. Ab dem 1.4.2002 stellt sie zwei geringfügig Beschäftigte (sog. 325-€-Kräfte), einen Halbtags-Bäcker und eine Halbtags-Verkäuferin ein. Seit dem 1. Juni 2002 arbeitet der Betrieb mit nun 5 festangestellten Vollzeitkräften. Am 15.9.2002 eröffnet Frau Dr. Brune in den zuvor angemieteten Nebenräumen ihrer Öko-Bäckerei ein Kaffee mit 3 zusätzlichen Aushilfs-Arbeitnehmern. Zum Weihnachtsbetrieb stellt sie einen „Lieferservice" mit einem Lieferwagen und einem Fahrer und zum 1.1.2003 einen Partyservice auf die Beine.

Lösung:

Spätestens am 1. Juni 2002 hat die Öko-Bäckerei von Frau Dr. Brune einen Umfang erreicht, der einen in kaufmännischer Weise zu führenden Betrieb voraussetzt. Nicht nur, dass sie bereits vorher ein eigenes Geschäftslokal angemietet hat. Sie stellt überdies mehrere Angestellte in Vollzeit ein. Dies erfordert eine ordnungsgemäße Gehaltsabrechnung, die betriebliche Organisation von Arbeits- und Urlaubszeiten und einen erheblichen Schreibaufwand mit den Sozialversicherungsbehörden. Letztlich ist die Einstellung von insgesamt 5 neuen Arbeitskräften ein weiteres Indiz für die gewachsene Kundennachfrage und damit für eine gesteigerte Geschäftstätigkeit bzw. ein gestiegenes Umsatzvolumen der Öko-Bäckerei.

Bereits mit Erreichen dieser Kriterien wird ein Gewerbe zum Handelsgewerbe i. S. d. HGB und damit ein Privatmann automatisch zum „Ist-Kaufmann". Einer Eintragung in das Handelsregister bedarf es hier nicht! Hier besteht die große Gefahr, dass ein Privatmann – ohne etwas davon zu ahnen – in die Kaufmannseigenschaft „hineinrutscht" und dann entsprechend haftet.

Dem „gelegentlich" wirtschaftlich Tätigen ist dringend zu raten, obige Zusammenhänge zu kennen und seine Tätigkeit hierauf zu überprüfen. Anderenfalls kann er ohne seinen Willen und ohne seine Kenntnis zum Ist-Kaufmann werden. Er untersteht dann den strengen Normen des HGB (s. Abb. 1 Zeile Nr. 2, 4, 6–9, 10, 11, 12, 14–16, 17, 21, 22, 23–25, 28, 30, 31).

II. Der „Kann-Kaufmann"

44   Ein Kann-Kaufmann ist ein Gewerbetreibender, dessen Geschäftsbetrieb eben keinen kaufmännisch zu führenden Betrieb voraussetzt. Der Gesetzgeber will diese Kleingewerbetreibenden nicht den strengen Regeln des HGB aussetzen. Dennoch kann bei **Kleingewerbetreibenden** der Wunsch bestehen, im Rechtsverkehr als Kaufmann zu erscheinen. Ein solches Interesse kann darin liegen, Geschäfte schneller und unkomplizierter abschließen zu können oder das Ansehen, das gewöhnlich ein Kaufmann genießt, zu beanspruchen. Auch darf nur ein Kaufmann sein Unternehmen unter einer eigenen Firma führen oder Prokura erteilen.

Die Möglichkeit, auch als Kleingewerbetreibender als Kaufmann auf dem Markt tätig zu sein, gewährt § 2 HGB:

Gewerbetreibende, deren Betrieb nach seiner Art und seinem Umfang keine kaufmännische Einrichtung bedarf – und die somit nicht unter § 1 fallen – (sog. *Klein-* bzw. *Kleinstgewerbetreibende*), können sich freiwillig in das Handelsregister eintragen lassen (daher: „Kann-Kaufmann"). Sie erlangen ihre Kaufmannseigenschaft mit der Eintragung.

Beispiel (Alexa's Friseursalon):
45

Der Friseursalon von Frau von Hellweg erforderte keinen in kaufmännischer Weise eingerichteten Geschäftsbetrieb. Frau von Hellweg war daher nicht Kaufmann i. S. d. § 1 HGB. Erst ihre (freiwillig veranlasste) Eintragung ins Handelsregister machte sie zum (Kann-)Kaufmann. Da das HGB einen Kann-Kaufmann genauso behandelt wie den Ist-Kaufmann, treffen sie die gleichen handelsrechtlichen Pflichten und Rechtsverschärfungen wie einen Ist-Kaufmann nach § 1 HGB.

Anders jedoch in folgender Konstellation:

Fall (Kiosk mit Vertragsstrafe):
46

Herr Arne Burda betreibt einen Kiosk im Zentrum von Drensteinfurt. Gegenüber einem Zeitschriftenverlag hat er sich vertraglich verpflichtet, wöchentlich 700 € Strafe zu zahlen, falls er in diesem Zeitraum nicht mehr als 12 Exemplare eines Fachjournals der Fotografie des menschlichen Körpers zu je 12,50 € absetzt. Kann er gegen diese Strafvorschrift vorgehen?

Lösung:

Nicht, wenn er Kaufmann wäre. Dann wäre die Herabsetzung einer Vertragsstrafe nicht möglich (§ 348 HGB) (s. Abb. 1: Zeile Nr. 17). Sein kleiner Kiosk erfordert jedoch keinen kaufmännisch eingerichteten Geschäftsbetrieb. Herr Burda ist daher kein Kaufmann i. S. d. § 1 HGB. Er hat sich – hier zu seinem Vorteil – auch nicht in das Handelsregister eintragen lassen. Deswegen ist er auch kein (Kann-)Kaufmann nach § 2 HGB. § 348 HGB ist daher auf ihn nicht anwendbar. Es bleibt bei den Vorschriften des BGB und Herr Burda kann gegen die übermäßige Strafe – nach § 343 BGB – vorgehen.

Erfordert Ihre Tätigkeit keinen in kaufmännischer Weise eingerichteten Geschäftsbetrieb, überlegen Sie genau, ob die möglichen Vorteile einer freiwilligen Eintragung im Handelsregister die erheblichen Risiken der Rechtsstellung eines Kaufmanns in Ihrem Fall tatsächlich aufwiegen können.

III. Der „Form-Kaufmann"

47 Betreibt jemand sein Gewerbe in Form einer
* Aktiengesellschaft (AG),
* GmbH (Gesellschaft mit beschränkter Haftung),
* einer OHG (Offene Handelsgesellschaft),
* KG (Kommanditgesellschaft) oder deren Unterform einer
* GmbH & Co KG (einer Kommanditgesellschaft bei der der unbeschränkt haftende [= Komplementär] eine GmbH ist),

ist das Unternehmen allein durch das Führen einer bestimmten Unternehmensform automatisch Kaufmann i. S. d. § 6 HGB (daher: Form-Kaufmann). Für die Sonderunternehmensform der Genossenschaft legt extra § 3 GenossenschaftsG die Kaufmannseigenschaft der Genossenschaft fest.

48 Die **Vorstandsmitglieder** einer AG oder deren **Aktionäre** sowie die **Geschäftsführer** und **Gesellschafter** einer GmbH sind keine (Form-)Kaufleute. Denn nur die Kapital-Gesellschaft ist (als juristische Person) Inhaber des Unternehmens. Ihr allein kommt daher die Eigenschaft zu, Formkaufmann i. S. d. § 6 HGB zu sein.

Anders verhält es sich bei den Personengesellschaften OHG und KG: Hier ist zu unterscheiden:
* Der persönlich haftende Gesellschafter einer OHG und/oder der voll haftende Komplementär einer KG führen das Unternehmen auf eigenen Namen und auf eigenes Risiko. Sie sind Kaufleute (siehe: BGHZ 34, 296).
* Der nur mit seiner Einlage (also beschränkt) haftende Kommanditist einer KG ist zur Geschäftsführung der KG nicht berechtigt. Er führt das Unternehmen daher nicht wie ein OHG-Gesellschafter oder ein Komplementär. Somit ist er selbst kein Kaufmann i. S. d. § 6 Abs. 2 HGB (BGHZ 45, 285).

 → Musterlösung I

Die Kaufmannseigenschaft soll aber auch dem OHG-Geschäftsführer hinsichtlich der Erfüllung der gesteigerten Sorgfaltspflicht nach § 347 HGB zukommen.

IV. Der Kaufmann kraft Rechtsschein

Der Kaufmann kraft Rechtsschein kommt in zwei Varianten vor: als **Fiktivkauf-** **49**
mann und als **Scheinkaufmann.**

1. Kaufmann trotz Fehlen eines Handelsgewerbes (sogenannter Fiktivkauf- **50**
mann)

Fall (Wittes Unachtsamkeit): **51**
Herr Witte hat sich mit seinem ursprünglich florierenden PC-Geschäft ins
Handelsregister eintragen lassen. Nach ca. zwei Jahren entlässt er alle seine
Mitarbeiter, kündigt sein Geschäftslokal und verkauft nur noch einmal im
Quartal einen PC in seiner Wohnung. Als er seinem Kunden, der Brackmann GmbH, ein neues Gehaltsabrechnungs-Programm verkauft und ins-
talliert, unterläuft ihm aus leichtester Unachtsamkeit ein Fehler. Dieser
stürzt die gesamte Buchführung der Brackmann GmbH ins Chaos und verursacht einen Schaden von 346.742,89 €. Haftet Herr Witte für den Schaden?

Lösung:
Herr Witte muss nur dann für den Schaden einstehen, wenn ihn die Verantwortung auch für leicht fahrlässige Fehler trifft. Eine derartig gesteigerte
Sorgfalt trifft ihn gemäß § 347 HGB nur, wenn er ein Handelsgeschäft betreibt (d. h. wenn er Kaufmann ist) (s. Abb. 1: Zeile Nr. 10). Dies ist zweifel-
haft, denn die aktuelle Tätigkeit von Herrn Witte verlangt nicht (mehr) nach
einem in kaufmännischer Weise geführten Geschäftsbetrieb. Herr Witte ist
aber immer noch eingetragen! Also gilt er nach der Fiktion des § 5 HGB
immer noch – trotz Fehlen eines kaufmännisch zu führenden Handelsgewerbes – als Kaufmann. Er ist somit für den gesamten Schaden haftbar.

Sobald die Anforderungen des § 1 HGB nicht mehr vorliegen, empfiehlt sich
dringend, die Löschung aus dem Handelregister zu betreiben. Anderenfalls
gelten Sie als Kaufmann, mit all den hieran geknüpften Rechtsfolgen!
Eine ständige Kontrolle des eigenen Geschäftes ist auch in dieser Hinsicht
unumgänglich.

52 **2. Der „Scheinkaufmann".** § 5 HGB hilft nur in dem Fall, dass ein im Handelsregister **Eingetragener** ein Handelsgewerbe entweder nie besaß oder es nicht
mehr ausübt (s. Rn. 58). § 5 HGB löst nicht folgenden Fall:

53 **Beispiel (Visitenkarten-Power):**
Der Student Martin Schrafft (3. Semester Informatik) möchte allen einmal
zeigen, wie man im Leben akzeptiert wird. Deswegen druckt er auf seine
Visitenkarte die Aufschrift: „Martin Schrafft / Info-Pover e. K.". Unter Vorlage dieser Karte kauft er bei der „Merry-Com AG" ein Notebook und einen
Laser-Drucker zu einem Gesamtpreis von 5.423 €. Als er nach der Fälligkeit
einer Kaufpreisforderung (im Zweifel: sofort § 271 BGB) nicht zahlt, fordert
die „Merry-Com AG" von ihm 5 % Verzugszinsen. Nach § 288 BGB wäre dies
erst nach einer Mahnung möglich. § 353 HGB lässt die Zinszahlungspflicht
jedoch für den früheren Zeitpunkt der Fälligkeit der Leistung zu (s. Abb. 1:
Zeile Nr. 11). Kann die Merry-Com AG von Herrn Schrafft 5% Verzugszinsen verlangen?

Lösung:
Das geht nur nach § 353 HGB, wenn ein beidseitiges Handelsgeschäft gegeben ist, d. h. wenn hier sowohl der Verkäufer als auch Martin Schrafft Kaufmann wäre. Die Merry-Com AG ist – als Aktiengesellschaft – Formkaufmann
i. S. d. § 6 HGB. Martin Schrafft ist jedoch weder eingetragen, noch übt er
irgendeine kaufmännische Tätigkeit aus. Direkt greift § 5 HGB nicht ein,
denn § 5 HGB setzt ja die Eintragung in das Handelsregister voraus. Auf
seiner Visitenkarte verwendet Martin Schrafft aber die Firma „Martin
Schrafft / Info-Pover e. K.". Die Möglichkeit, eine Firma zu führen, steht nur
einem Kaufmann zu (§ 17 HGB). Martin Schrafft setzt somit den Rechtsschein, er sei ein Kaufmann. Vor solchen „Angebereien" muss jeder am
Rechtsverkehr Beteiligte geschützt werden, denn niemand kann die tatsächlichen Verhältnisse kennen. Die Rechtsprechung und die Literatur sehen
diesen Fall als mindestens so schwerwiegend wie eine falsche Eintragung
i. S. d. § 5 HGB an. Aus diesem Grunde wenden Rechtsprechung und Literatur § 5 HGB (zwar nicht direkt, sondern) analog d. h. entsprechend an.
Herr Schrafft muss sich daher an den von ihm veranlassten Rechtsschein
messen lassen. Er ist daher analog § 5 HGB Scheinkaufmann, und somit an
die Zahlung von Fälligkeits-Zinsen – auch ohne Eintreffen einer Mahnung –
nach § 353 HGB gebunden.

Die Haftung aus dem Rechtsschein setzt bereits ein, wenn jemand einen **54** Rechtsschein **zurechenbar** gesetzt hat.

Grundsätzlich muss dieser Rechtsschein nicht schuldhaft oder gar – wie im obigen Fall – absichtlich veranlasst worden sein. Es genügt, dass der Handelnde den falschen Anschein hervorgerufen hat (BGH NJW 1962, 2196 [→ **Urteil 1**]).

- Achten Sie sorgfältig auf Ihre Äußerungen, insbesondere die auf Ihrem Briefbogen und Ihren Visitenkarten. Übertreibungen stellen Sie einem Kaufmann gleich.
- Vermeiden Sie sämtliche Anspielungen auf eine nicht vorhandene Kaufmannseigenschaft oder ein nicht bestehendes Handelsgewerbe.
- Schreiben sie sich keine „Firma" oder keinen Zusatz zu, der auf eine kaufmännische Unternehmensform hindeutet (z. B.: AG, KG, OHG etc.). Auch Bezeichnungen „eingetragener Kaufmann", „eingetragene Kaufrau" bzw. „e. K.", „e.Kfm.", „e.Kfr." oder ähnliche, die Kaufmannseigenschaft ausdrückende Bezeichnungen erzeugen einen entsprechenden Rechtsschein.
- Die Bezeichnung „Diplomkaufmann" „Dipl.-Kfm." ist nur ein wissenschaftlicher Titel, der Sie schon gar nicht zum Kaufmann i. S. d. HGB macht! Lassen Sie nie das „Dipl." weg. Sie verlieren sonst zwar nicht die Anerkennung als Akademiker, aber als Scheinkaufmann wahrscheinlich eine Menge Geld!

Sollten Sie – wenn auch unbeabsichtigt – einen Rechtsschein veranlasst haben, müssen Sie schnellstens handeln! Beseitigen Sie den von Ihnen gesetzten Rechtschein, am besten auf die gleiche Weise, wie der Rechtsschein entstanden ist, und informieren Sie alle Personen, die den Rechtsschein zur Kenntnis nehmen konnten. Das kann zwar Zeit und Geld kosten; beugt aber „bösen Überraschungen" vor.

V. Land- und forstwirtschaftliche Betriebe

55 Für land- und forstwirtschaftliche Betriebe gelten dieselben Grundsätze wie für den Kann-, Form oder Scheinkaufmann: Land- und forstwirtschaftliche Betriebe sind grundsätzlich keine Handelsgewerbe. Sie können aber insbesondere „Scheinkaufleute" werden.

Bei den land- und forstwirtschaftlichen Neben-Betrieben ist insbesondere danach zu fragen, ob sie einen **Umfang** haben, der einen kaufmännisch eingerichteten Gewerbebetrieb erfordert. Land- und forstwirtschaftliche Neben-Betriebe können aber auch Form-Kaufleute sein, falls sie die entsprechenden, oben aufgezeichneten Voraussetzungen erfüllen.

Einen Gesamtüberblick über die Möglichkeiten, ein Kaufmann i. S. d. Handelsrecht zu sein vermittelt Abbildung 3:

Ist-Kaufmann (§ 1 HGB) Kaufmann kraft seiner **Tätigkeit**: • Handelsgewerbe • Betrieb in kaufmännischer Weise zu führen	Kann-Kaufmann (§ 2 HGB) kein kaufmännisch zu führender Geschäftsbetrieb i.s.d. § 1 HGB, aber (freiwillige) **Eintragung**	Form-Kaufmann (§ 6 HGB) Automatisch, wenn Handelsgesellschaft (= **GmbH, AG, KGaA, eG, deutsche EWIV**) Geno Kfm nach 1 GenoG)	Schein-Kaufmann • Kleinstgewerbetreibender ist/ bleibt eingetragen (§ 5 HGB) • Nicht-Kaufmann gibt sich als Kaufmann aus (Rechtsschein analog § 5 HGB).

Land- und **Forstwirtschaft** (§3 HGB) grundsätzlich kein Kaufmann i.S.d. § 1 da kein Handelsgewerbe

Kann-, Form, Schein-Kaufmann mögl. (§ 3 Abs. 2 HGB)

Land-, Forstwirtschaftliches **Nebengewerbe** (§ 3 Abs. 3 HGB) Kaufmann, wenn § 1 HGB erfüllt	Land-, Forstwirtschaftliches Nebengewerbe (§ 3 Abs. 3 HGB) Kaufmann, wenn § 2 HGB Eintragung gegeben	Land-, Forstwirtschaftliches Nebengewerbe (§ 3 Abs. 3 HGB) Form-Kaufmann, wenn Nebenbetrieb in handelsgesellschaftlicher Form § 6 HGB	Land-, Forstwirtschaftliches **Nebengewerbe** (§ 3 Abs. 3 HGB) Schein-Kaufmann, wenn entsprechend. Rechtsschein § 5 HGB

Abb. 3: Zusammenfassung: Die Kaufmannsformen des HGB im Überblick

→ Musterlösung II

VI. Die Grundaussagen des 2. Kapitels

Der Gesetzgeber knüpft die einschneidenden Folgen der Geltung des HGB an **56**
die Kaufmannseigenschaft einer Partei, eines Rechtsgeschäfts (einseitiges Handelsgeschäft) oder beider Parteien (beidseitiges Handelsgeschäft).
Die Frage ob und wann die Kaufmannseigenschaft vorliegt, beantwortet der
Gesetzgeber in §§ 1–6 HGB sehr differenziert:

57

Kaufmannseigenschaft	Norm des HGB	Voraussetzungen
Ist-Kaufmann	§ 1	Betrieb eines Handelsgewerbes i. S. d. § 1 Abs. 2 HGB (auch: OHG, KG, GmbH & Co [§§ 6 Abs. 1; § 105 HGB]).
Kann-Kaufmann	§ 2	Eintragung eines „Nicht-Handelsgewerbes" in das Handelsregister
Kann-Kaufmann der Land- und Forstwirtschaft	§ 3 Abs. 2	Eintragung eines land- oder forstwirtschaftlichen Unternehmens in das Handelsregister Für Nebenbetriebe eines land- oder forstwirtschaftlichen Unternehmens gelten § 1 und § 2 HGB
Formkaufmann	§ 6 Abs. 2	GmbH, AG, KGaA, eG, deutsche EWIV (mit Eintragung in das Gesellschaftsregister/ unabhängig von der Art des Gewerbes)
Schein-Kaufmann	§ 5	Setzen eines Rechtsscheins z. B.: Eintragung der Firma im Handelsregister. Bei anderen Rechtsscheinen (z. B.: Bezeichnung eines Nichtkaufmanns als Kaufmann auf Briefbogen) Rechtsscheinhaftung § 5 HGB analog.

→ Anregungen zum Weiterdenken II

3. Kapitel   **Die Firma des Kaufmanns**

58   Nur **Kaufleute** dürfen eine Firma führen. Das unberechtigte Führen einer Firma macht den Nicht-Kaufmann zu einem Scheinkaufmann (s. Rn. 52). Die Firma ist der Name des Kaufmanns unter dem er sein Geschäft betreibt (§ 17 HGB).

> Die Firma ist **nicht** das Unternehmen, das Geschäft oder der Betrieb selbst, sondern nur die Bezeichnung des Kaufmanns. Der allgemeine Sprachgebrauch ist hier irreführend!
> Die Firma ist auch **nicht** der Name des Unternehmens, Gewerbes, oder Betriebes, sondern allein der Name des Kaufmanns.

59   Der Kaufmann kann daher im Rechtsverkehr tatsächlich zwei Namen tragen: seinen persönlichen als Privatperson und die Firma seines Betriebes.
- Privat-Name und Firma können gleich sein: z. B.: *Dietmar Wiesner*
- Sie können auch verschieden sein: So kann z. B. *Dietmar Wiesner* seinen Weingroßhandel auch unter der Firma *„Reblaus"* führen, oder *Max Meier* (Privat-Name) sein Unternehmen unter der Firma, *Ibeco Prox,* führen.

I.   Anforderungen an die Firma eines Kaufmanns

60   Die Firma muss die **Gesellschafts-** und **Haftungsverhältnisse** darlegen (§ 19 HGB):
- Die Firma eines Einzelkaufmannes muss den Zusatz „eingetragener Kaufmann" oder „eingetragene Kauffrau" bzw. deren verständliche Abkürzung (z. B.: „e. K.", „e.Kfm.", „e.Kfr.") enthalten.
- Eine OHG oder KG muss den Zusatz „offene Handelsgesellschaft" bzw. „Kommanditgesellschaft" oder deren Abkürzungen in ihrem Namen enthalten.
- Kapitalgesellschaften firmieren mit der Bezeichnung „Gesellschaft mit beschränkter Haftung" oder „GmbH" (§ 4 GmbHG) bzw. „Aktiengesellschaft" oder „AG" (§ 4 AG).

Die Firma muss „**wahr**" sein (§ 18 Abs. 2 HGB) Alle nicht zutreffenden Zusätze **61** haben zu unterbleiben.

Beispiele unzulässiger Firmenangaben: **62**
Deutsche ... , Europäische ... , Internationale ... (ohne eine entsprechende übergeordnete Bedeutung des Unternehmens auf diesem Markt), Hamburger Kaffeelager (nur ein Abnehmer ist Hamburger), Berliner Apotheke (bloß weil die Apotheke an der Berlinerstr. in einer Kleinstadt liegt), Amerikanische Dampfbügelei (ohne technisch/persönlichen Bezug zu USA)

Enthält die Firma eines Kaufmanns eine **Täuschung**, kann das Registergericht **63** mit Ordnungsgeld gegen diesen vorgehen (§ 37 Abs. 1 HGB).
Sind bestehende Rechte eines anderen durch den **unbefugten Gebrauch** der Firma verletzt, kann dieser nach § 37 Abs. 2 HGB das Unterlassen der Firmenführung fordern.

Das Führen einer unzulässigen Firma fordert kein Verschulden. Ihr Einwand, Sie hätten von den Umständen, die die Unzulässigkeit herbeiführten, nichts gewusst, ist daher unbeachtlich.

Neben dem „Firmenschutzrecht des HGB" §§ 17 ff. HGB kann der Gebrauch **64** von irreführenden, falschen Namen oft auch Normen des allgemeinen **Namensschutzes** (§§ 12, 1004 BGB), des **Werberechts** (§ 13 UWG) oder, falls die Firma bzw. Teile von ihr als Marke eingetragen sind, des **Markenrechtes** (§ 14 MarkenG) verletzen. Diese sind grundsätzlich neben dem Firmenrecht des HGB zu beachten.

Unter seiner Firma kann der Kaufmann im Rechtsverkehr **klagen** oder **verklagt** **65** werden.

Oft ist es nicht so einfach, den Privatnamen eines hinter einer Firma stehenden Kaufmanns herauszufinden. Das ist nach § 17 Abs. 2 HGB auch gar nicht nötig. Verklagen Sie ihn doch unter seiner „Firma".

Die Firma eines Kaufmanns ist ein selbständiger **Vermögensgegenstand**. D. h. **66** ihr Inhaber kann sie verkaufen oder vererben.

Die Firma kann nie allein, sondern nur im Zusammenhang mit dem Handelsgewerbe, für das sie besteht, übertragen werden (§ 23 HGB).

II. Der Firmenschutz

67 Der Firmeninhaber kann jeden von dem Gebrauch seiner Firma ausschließen (§ 37 Abs. 2 HGB).

68 **Fall:**
Sie sind Händler internationaler Delikatessen und Inhaber der Firma „Max Müller" e. K. Ihr Geschäft läuft gut. Deswegen ärgern Sie sich, dass der neu zugezogenen Max Müller in Ihrer Straße sein Feinkostgeschäft unter derselben Firma aufmacht.
Sie können die spätere Verwendung der Firma „Max Müller" e. K. gem. § 37 Abs. 2 HGB untersagen (BGHZ 53, 70; BGH NJW 1991, 2023); dies gilt auch, wenn der nachfolgende Firmeninhaber mit dem Privatnamen tatsächlich „Max Müller" heißt (BGHZ 4, 103). Firmen sind eben von den Privatnamen zu unterscheiden.

Lösung:
Der „Neu-Ankömmling" Max Müller kann aber seinen Privatnamen als Firma verwenden, wenn er diese durch einen Zusatz von der seines Konkurrenten „Max Müller" e. K. deutlich unterscheidet. Denkbar ist hier die Angaben eines weiteren Vor- oder auch Nachnamens: etwa „Max-Peter Müller" oder „Peter Müller-Schierling" e. K. (vergl. auch: BGHZ 4, 102).

III. Geschäftszeichen

69 Hinweise wie *„Ludgeri-Apotheke"*, *„Zum fetten Schwein"*, *„Brauhaus"*, *„China-Restaurant"* etc. sind lediglich **Geschäftszeichen** oder **Etablissementbezeichnungen.** Sie sind keine Firmen und können daher auch von Nichtkaufleuten benutzt werden.

Allerdings dürfen sie dann nicht „firmenähnlich sein". Sonst droht – wie gesehen – eine Rechtsscheinshaftung, und/oder die Beurteilung der Etablissementbezeichnung nach den strengen Regeln des Firmenrechtes (s. Rn. 54).

Ob im Einzelfall eine Firma oder ein bloßes Geschäftszeichen vorliegt, beurteilt **70** die Verkehrsanschauung:

- Drückt der Name eher die Einrichtung, das Etablissement und seine charakteristische Eigenart aus (z. B.: „China-Restaurant"), handelt es sich um ein Geschäftszeichen.
- Steht demgegenüber die Bezeichnung einer Person des **Geschäftsinhabers** oder des bestimmten **Unternehmens** im Vordergrund (z. B. „Schuhe Schmitz", „Elektro-Mayer" [BayObLG DB 88, 2559]), spricht dies für den Gebrauch des Namens als kaufmännische Firma.

IV. Marken und Geschäftsbezeichnungen

Der Benutzer einer reinen Geschäftsbezeichnung kann, nach dessen Eintragung ins **Markenregister**, gemäß § 15 MarkenG (Markengesetz) geschützt sein. Dies setzt voraus, dass die Bezeichnung als Marke in das Markenregister eingetragen worden ist. Der Inhaber der Gaststätte *„Zum fetten Schwein"* kann dann jeden weiteren neuen Gastwirt im örtlichen Einzugsgebiet seines Lokals von der Verwendung derselben Geschäftsbezeichnung ausschließen. **71**

V. Die Gestaltung des Briefkopfes eines Kaufmanns

§ 37a HGB macht dem Kaufmann zur Pflicht, dass er folgende Mindestangaben auf seinen Geschäftsbrief aufnehmen muss: **72**
- seine Firma
- bei Einzelkaufleuten die Bezeichnungen „eingetragener Kaufmann", „eingetragene Kauffrau" bzw. „e. K.", „e.Kfm.", „e.Kfr." oder ähnliche die Kaufmannseigenschaft ausdrückende Bezeichnungen,
- Ort der Handelsniederlassung,
- das Registergericht und
- die Nummer, unter der die Firma in das Handelsregister eingetragen ist.

Nicht erforderlich ist die Angabe, wer Inhaber der Firma/des Handelsgewerbes ist (Inhaberangabe).

73   § 37a HGB gilt erstens nur für Geschäftsbriefe, die an einen **bestimmten** Empfänger gerichtet sind. Derart empfängerbezogene Schreiben sind etwa Vertragsannahmen, Auftragsbestätigungen, Mängelrügen, Quittungen, auch Kündigungen von Angestellten/Handelsvertretern, Rechnungen, Mahnschreiben. Nicht etwa hat der Kaufmann die oben aufgeführten Pflichtangaben auf Postwurfsendungen, Werberundschreiben, Kataloge, allgemeine Leistungs- oder Warenangebote und allgemeinen Nachrichten bzw. Kundeninformationen zu setzen.

Ferner zählt § 37a HGB nur die Pflichtangaben auf. Er will die Freiheit des Kaufmanns bei der Gestaltung seiner Briefbögen nicht einschränken.

Der Kaufmann darf und sollte, um sich von Mitbewerbern zu unterscheiden, auf seinem Briefbogen zusätzliche Angaben machen.

74   Der Begriff des „Geschäftsbriefs" ist weit zu fassen. Denn das Ziel des § 37a HGB ist, den Kaufmann identifizierbar zu machen und damit den Rechts- und Geschäftsverkehr zu schützen. „Geschäftsbriefe" sind daher zunächst alle „klassischen" Schreiben des Kaufmanns, aber auch wohl Postkarten, Telegramme, Faxe, Btx, E-Mail, Wechsel (Letzteres ist streitig; ein Wechsel dürfte aber m. E. zumindest dann ein Geschäftsbrief i. S. d. § 37a HGB sein, wenn die Erklärung im Wechsel an einen bestimmten Empfänger gerichtet ist, also nicht beim Blankindossament).

Enthält der Geschäftsbrief eines Kaufmannes die oben genannten Angaben nicht, kann ihm das Registergericht ein Zwangsgeld von bis zu 25.000 € androhen, um den Kaufmann dazu aufzufordern, die nötigen Angaben bei der Gestaltung seiner Geschäftsbriefe aufzunehmen (§ 14 HGB, § 132 FGG i. V. m. § 33 Abs. 3 FGG).

Sie setzten durch die Gestaltung Ihres Briefkopfs nach § 37a HGB den Rechtschein, Sie seien Kaufmann i. S. d. HGB. Verwenden Sie als Nicht-Kaufmann (s. Rn. 58) daher keine Angaben, die dem § 37a HGB entsprechen. Benutzen Sie nicht mehr alte Briefbögen, falls die dort gemachten Angaben nicht mehr zutreffen.

VI. Das Handelsregister

Neben dem Briefkopf des Kaufmannes (s. Rn. 72) besitzt das Handelsregister **75** einen hohen Informationswert für den Rechtsverkehr. Denn es muss insbesondere **Angaben** zu folgenden Punkten enthalten:
- wer Ist-Kaufmann (§ 1 HGB) ist
- die Firma und den Ort der Handelsniederlassung (§ 29 HGB)
- Unternehmenskäufe (§ 25 HGB)
- die Eröffnung eines Insolvenzverfahrens (§ 32 HGB)
- die Prokura (§ 53 HGB)
- die Handelsgesellschaft (OHG § 106 HGB, KG § 106 HGB i. V. m. § 161 ff. HGB, AG § 39 AktG, GmbH § 10 GmbHG).

Hierüber hinaus **kann** der Kaufmann eintragen lassen: **76**
- seine Firma als die eines (Kann-)Kaufmanns (§ 2 HGB)
- den Ausschluss der Erbenhaftung (§ 25 Abs. 2 HGB)
- das Nebengewerbe eines Landwirts (§ 3 Abs. 3 HGB).

Jeder Bürger darf – auch ohne ein besonderes Interesse nachzuweisen – das **77** Handelsregister einsehen (§ 9 Abs. 1). Abschriften sind erlaubt; und ebenso ein Attest, dass etwas nicht im Handelsregister steht (sog. Negativattest, § 9 HGB).

Kommt der Kaufmann seiner Pflicht zur Eintragung ins Handelsregister nicht nach, kann das Registergericht ihn mit Zwangsgeld – von bis zu 25.000 € – dazu anhalten (§§ 14, 132 HGB i. V. m. § 33 Abs. 3 FGG).

VII. Zusammenfassung

Die Firma ist der Name eines Kaufmanns, nicht das Unternehmen oder der **78** Geschäftsbetrieb selbst.
Die Firma genießt einen eigenständigen Schutz. Insbesondere will die Rechtsordnung die im Wirtschaftsverkehr bestehende Identifikation des Firmeninhabers mit seinem Unternehmen, dessen „Goodwill", garantieren. Dritte, insbesondere andere Unternehmen, dürfen daher eine ihnen fremde Firma (Namen des Kaufmanns) grundsätzlich nicht verwenden. Wie auch Marken i. S. d. MarkenG, genießt die Firma nach § 37 HGB Exklusivität.

→ Anregungen zum Weiterdenken III

4. Kapitel   Der Abschluss kaufmännischer Geschäfte

79   Für die Geschäftsanbahnung und den Geschäftsabschluss existieren im Handelsrecht eigene Regeln. Diese gewährleisten eine **Beschleunigung des Geschäftsverkehrs**. Damit tragen diese Vorschriften einerseits zu einer raschen und flexiblen Versorgung des Marktes wie auch der Einsparung von Vertragsabschlusskosten bei. Gleichzeitig reduzieren diese Vorschriften den Schutz der beteiligten Kaufleute erheblich. Mit anderen Worten: Das Handelsrecht – und insbesondere der Abschluss von Geschäften – ist „schnell". Es verlangt daher vom Kaufmann ein Höchstmaß an Aufmerksamkeit und Konzentration.

Ein Vertrag zwischen Privaten kommt durch ein Angebot und seine Annahme zustande. Das bloße Schweigen eines Privatmannes bringt grundsätzlich keinen Vertrag zustande. Dies ist anders beim Kaufmann. Hier genügt gleich in zwei Fällen sein „Schweigen", um von einer rechtlich wirksamen Erklärung auszugehen:

- das Schweigen des kaufmännischen Anbieters von Geschäftsbesorgungen (§ 362 HGB) und
- das Schweigen des Kaufmanns auf ein *„Kaufmännisches Bestätigungsschreiben"*.

I.   Das Schweigen als Vertragsannahme (§ 362 HGB)

80   Hat der Gewerbebetrieb des Kaufmanns die Erledigung von Geschäften für andere (§ 362 Abs. 1 Satz 1 HGB) zum Gegenstand oder hat ein Kaufmann sich hierzu einem anderen gegenüber angeboten (§ 362 Abs. 1 Satz 2 HGB), so ist der Kaufmann verpflichtet, die Nichtübernahme eines Auftrags dem Interessenten unverzüglich anzuzeigen. Anderenfalls gilt sein **Schweigen** als Annahme des Angebotes auf Übernahme des Auftrags. Ein Auftrags-Vertrag kommt dann durch sein Schweigen zustande.

§ 362 HGB ist eine Fiktion. Er unterstellt, dass das Schweigen des Kaufmanns die Annahme eines Angebots ist. Der Geschäftspartner braucht daher nicht nachzufragen, ob der Kaufmann tatsächlich sein Angebot annehme.

Fall (PC-Transport):   **81**

Herr Lassak, Inhaber der „Lassak PC-Vertrieb GmbH", hat in den letzten Jahren mehrfach durch den Spediteur „Theo Breilmann e. K." technische Geräte zu seinen Kunden „Alfred Daniels GmbH" transportieren lassen. Am Dienstag, den 10.12.2002, erhält Herr Lassak den Auftrag, einem Kölner Unternehmen bis Donnerstagabend, 20 Uhr, insgesamt 69 PCs und 13 Drucker zu liefern. Da Herr Lassak am Dienstag Herrn Breilmann telefonisch nicht erreicht – Herr Breilmann liefert um diese Zeit gerade selbst Ware aus –, stellt Herr Lassak um 11 Uhr – wie auch sonst üblich – die Geräte in das Lager des Breilmann und versieht sie mit dem Schild: „**Geräte müssen spätestens am 12.12.2002, 20 Uhr, bei der Firma Alfred Daniels Köln, Mazurenallee 3a sein**". Herr Breilmann kommt am Dienstagmittag in sein Büro und bemerkt die Geräte samt Schild. Er stellt fest, dass ein Transport der Geräte *„jetzt ganz unpassend kommt"* und dass er sich in den nächsten Tagen auch nicht um diesen Auftrag kümmern kann. Aus diesen Gründen beschließt er, sich erst am Montag, den 16.12.2002, die Angelegenheit zu regeln. Herr Lassak – der seinen Kunden Daniels auf Grund der immer noch nicht erfolgten Lieferung der Geräte am 12.12. verliert – verlangt von Theo Breilmann den Ersatz seines Schadens. Herr Breilmann meint, er hafte nicht, denn es sei diesmal überhaupt kein Vertrag zwischen ihm und Herrn Lassak zustande gekommen. Wer hat Recht?

Lösung:

Gerade dies stimmt nicht: Nach § 362 HGB gilt sein Schweigen als Annahme des Angebotes des Lassak. Herr Lassak – mit dem Herrn Breilmann in ständiger Geschäftsverbindung steht – hat einen wirksamen Antrag auf Abschluss eines Speditionsvertrags abgegeben, indem er die PCs und Drucker – wie bereits mehrfach üblich – in das Lager des Breilmann stellte. Herr Lassak hat daher einen vertraglichen Schadenersatzanspruch wegen der Nichterfüllung des Speditionsvertrags.

82   Die Ablehnung des Angebotes muss „unverzüglich" erfolgen: Unverzüglich bedeutet nicht *„sofort"* (RGZ 124, 118). Das kann ein Kaufmann nicht leisten, der auch seinen anderen Geschäften nachgehen muss. Unverzüglich heißt gemäß § 121 BGB, *„ohne schuldhaftes Zögern"*. Der Kaufmann hat also – soweit dies erforderlich ist – noch eine angemessene Überlegungsfrist. Allerdings sind bei der Festlegung der Frist immer auch die Interessen der antragenden Partei zu berücksichtigen, die auf eine Antwort wartet. Maßgebliches Kriterium im Handelsrecht ist ferner die Reibungslosigkeit und Beschleunigung des Handelsverkehrs. Im Handelsrecht darf der Kaufmann daher nie zu lange warten. Zu berücksichtigen ist aber immer eine persönliche Verhinderung des Kaufmanns, sofern der Kaufmann selber nicht dieser Verhinderung – etwa durch Einstellung geeigneten Personals (dazu s. Rn. 96 ff.) – entgegenwirken kann.

> **Lösung (Fortsetzung):**
> Herr Breilmann ist für die Zeit entschuldigt, in der er selber Ware ausfährt. Spätestens als er in sein Büro zurückkehrt, die Waren und das Schild entdeckt (= Dienstagnachmittag), wäre es seine Pflicht gewesen, eben bei Herrn Lassak anzurufen und dessen Antrag abzulehnen. Da er dem nicht nachkommt, handelte er nicht unverzüglich i. S. d. § 362 HGB. Sein Schweigen gilt – wie gesehen – als Annahmeerklärung.

83   Die ausführliche Lösung des Falls und zur Frage, wie es wäre, wenn Herr Breilmann kein Kaufmann gewesen wäre:

   (💿) → Musterlösung III bzw. Musterlösung IIIa

84   **Fall (Das „zugemüllte" Lager):**
Herr Breilmann ist es leid, dass „jeder Depp sein Lager zustellt". Schließlich sei „er" immer noch Eigentümer seines Betriebes und Herr im Haus. Mit dieser Meinung ruft er – am 10.12.2002 gegen 12.15 Uhr, sofort als er die Kisten des Lassak in seinem Lager entdeckt – den Lassak an, sagt ihm, dass er den Auftrag nicht durchführen könne. Er bittet daher den Lassak, die Geräte baldmöglichst wieder abzuholen. Da Herr Breilmann übers Wochenende ein ordentliches Lager haben möchte, stellt er die PCs des Lassak in seiner Maschinenparkgarage unter. Ein Auslieferungsfahrer des Theo Breilmann beschädigt beim Rangieren 9 Geräte. Hat Herr Lassak einen Anspruch auf Schadensersatz gegen Herrn Breilmann?

Lösung:

Hier ist zwar kein Güterbeförderungsvertrag zwischen Herrn Breilmann und Herrn Lassak zustande gekommen, denn Herr Schutz hat die Annahme unverzüglich abgelehnt. Zwar hat er nicht sofort bei Anlieferung der Ware den Auftrag abgelehnt, dies war ihm jedoch nicht möglich, da er geschäftlich unterwegs war und mit dem Angebot des Herrn Lassak auch nicht rechnen musste. Herr Breilmann informiert aber gleich – d. h. „ohne schuldhaftes Zögern" – nach seiner Rückkehr von der Geschäftsfahrt Herrn Lassak über die Ablehnung des Auftrages.

Dennoch entsteht ein Schadenersatzanspruch des Herrn Lassak. Denn nach § 362 Abs. 2 HGB trifft den Kaufmann – auch wenn dieser den Auftrag ordnungsgemäß ablehnt – eine besondere Obhutpflicht für die mitgesandten Waren. Diese hat Herr Breilmann verletzt, indem er die technischen Geräte an einen für sie gefährlichen Platz deponierte. Herr Breilmann hätte sinnvollerweise die Ware in seinem Lager belassen sollen. Er ist mit dieser Forderung nicht unnötig belastet. Denn er hätte ja die Lagerkosten dem Lassak gemäß § 362 Abs. 2 HGB in Rechnung stellen können.

Für die mitgelieferte Ware hat ein Kaufmann Sorgfalt zu tragen. Die mit dem Angebot mitgelieferte Ware hat der ablehnende Kaufmann – auf Kosten des Antragstellers – einstweilen aufzubewahren und vor Beschädigungen zu schützen.

85 Unter Umständen muss er sie in seinem Lager unterstellen oder andere Gelegenheiten zum **Schutz der Ware** suchen. Die ihm hieraus entstehenden **Kosten** bekommt er vom Antragenden ersetzt (siehe: § 354 HGB Nr. 26). Solange diese Kosten ausstehen, hat er an der mitgeschickten Ware ein Zurückbehaltungsrecht (§ 273 BGB, 369 HGB, Abb. 1 Zeile Nr. 6).

86 § 362 HGB gilt nur für **Geschäftsbesorgungen**. Eine Geschäftsbesorgung liegt immer dann vor, wenn jemand eine fremde Tätigkeit für einen anderen (den Antragenden) übernimmt (BGHZ 46, 47).

Auf Warengeschäfte ist § 362 HGB nicht anwendbar!

87

Fall (Briefmarkenkauf):

Peter Kalthof weiß, dass der Briefmarkengroßhändler Peter Flick e. K. an dem Ankauf seltener Sammlerstücke interessiert ist. In seinem Brief vom 13.3.2002 bietet er ihm den Kauf einer Rarität an und schickt die Briefmarke gleich mit. Peter Flick ist nicht interessiert, teilt dies Herrn Kalthof aber erst am 26.3.2002 telefonisch mit.

Lösung:

Hier ist kein Vertrag zustande gekommen. Zwar gibt Peter Kalthof am 13.3.2002 ein Angebot ab. Dies gilt aber nicht als angenommen i. S. d. § 362 HGB. § 362 HGB greift nämlich nur bei Geschäftsbesorgungen nicht aber wie hier, bei einem Warengeschäft ein. Auch für die mitgeschickten Briefmarken braucht Peter Flick keine besondere Obhut nach § 362 Abs. 2 HGB zu tragen. Denn, nach richtiger Ansicht, greift der Gesamte § 362 HGB beim Warenhandel nicht ein. Hier kann allenfalls die zivilrechtliche Regelung des § 241a BGB eingreifen.

88

Aus Gründen der Zeitersparnis und der raschen Durchführung von Handelsgeschäften knüpft das HGB noch an weiteren Stellen an das Schweigen des Kaufmanns Rechtsfolgen: Beispielsweise gilt das Schweigen des Kaufmanns als **Genehmigung** all jener Geschäfte, die ein hierzu nicht-vertretungsberechtigter Handelsvertreter (§ 91a HGB) oder Handlungsgehilfe (§ 75h HGB) vorgenommen hat. Das Schweigen des Kaufmanns – hier: in der Form des nicht unverzüglichen Rügens – gilt ebenfalls als die Genehmigung der fehlerhaften Ware (§ 377 Abs. 2 HGB, s. Zeile Nr. 23).

 Obschon § 362 HGB auf reine Warengeschäfte nicht anwendbar ist, ist dennoch auch beim Eingehen eines Warengeschäfts Vorsicht geboten: Denn auch hier kann bei Vorliegen eines sog. *„kaufmännischen Bestätigungsschreibens"* das Schweigen des Kaufmanns erheblich Folgen für diesen haben (Abb. 1 Zeile Nr. 2; Rn. 80).

II. Das kaufmännische Bestätigungsschreiben

Der Handelsverkehr kennt noch eine weitere Möglichkeit, dem **Schweigen des** **89**
Kaufmanns rechtliche Bedeutung zukommen zu lassen: das kaufmännische
Bestätigungsschreiben.

Fall (Kauf einer Stickmaschine): **90**
Die Kaufleute H. Franco Mazini und H. Peter Radenberg verhandeln seit
etwa 3 Monaten über den Kauf einer hochwertigen „Stickmaschine". Nachdem die Konditionen bezüglich der Lieferung und Aufstellung der Maschine
geklärt sind, einigen sich die Parteien bei den Verhandlungen am 4.10.2002
über einen Preis der Maschine i. H. v. 123.400 €. Der Verkäufer der Maschine, Herr Mazini, hatte ursprünglich vor, die Stickmaschine für 126.300 €
zu verkaufen. Herrn Radenberg schwebte aber ein Kaufpreis von ca.
120.000 € vor. Herr Mazini verfasste noch am selben Tag ein Schreiben, welches Herrn Radenberg am 7.10.2002 zugeht, das er mit der Bezeichnung
„Bestätigungsprotokoll" überschreibt und indem er sich für die gute Ge-
sprächsatmosphäre bedankt und hervorhebt, dass das Gespräch am
4.12.2002 nunmehr einen Kaufpreis von 125.400 € ergeben hat. Herr Radenberg liest zwar das Schreiben am 7.10.2002, wirft es dann aber verärgert weg,
da es „Quatsch" sei. Niemals hätte er sich auf eine solche Summe geeinigt.
Kann Herr Mazini von Herrn Rodenberg den Kaufpreis i. H. v. 125.400 € verlangen?

Lösung:
Die Reaktion des Herrn Radenberg kommt ihn recht teuer; nämlich genau
2.000 €. Denn es gilt der Inhalt des Bestätigungsschreibens. Das Schweigen
des Herrn Radenberg wirkt hier als Anerkennung dessen Inhalts.

Es existiert der Handelsbrauch (§ 346 HGB), dass kaufmännische Parteien das **91**
Ergebnis ihrer mündlichen Verhandlungen protokollieren und bestätigen. Auf
diese Weise erleichtern Kaufleute den Beweis über den Inhalt ihrer Geschäfte.
Dieser Beweiszweck tritt nicht nur für **richtig wiedergegebene** Vertragsinhalte
ein, sondern auch für ein von den getroffenen Vereinbarungen **abweichendes**
Bestätigungsschreiben (sog. **konstitutives Bestätigungsschreiben**). Widerspricht ein Geschäftspartner einem solchen Bestätigungsschreiben nicht,
kommt der Vertrag – auch entgegen der ursprünglichen mündlichen Vereinbarung – mit dem Inhalt des Bestätigungsschreibens zustande. Der Grund dieses

folgenreichen Handelsbrauches liegt wieder in der Eiligkeit und **Beschleunigung** des Handelsverkehrs und der damit verbundenen ökonomischen Vorteile (s. Rn. 9 ff.). Die vertragsschließenden Parteien sollen nämlich möglichst rasch Klarheit über den genauen Inhalt der Vereinbarungen haben. Dies setzt voraus, dass die Partei, der das Bestätigungsschreiben zugesandt wird, dieses mit Sorgfalt liest und auf dessen Inhalt entsprechend schnell reagiert. Die andere Partei darf darauf vertrauen, dass sein Partner der Obliegenheit zur schnellen, sorgsamen Durchsicht des Bestätigungsschreibens nachkommt. Widerspricht der Empfänger eines kaufmännischen Bestätigungsschreibens daher nicht unverzüglich (s. Rn. 88), so wirkt sein Schweigen – aus Gründen der Rechtssicherheit und zur Vereinfachung und Beschleunigung des Rechtsverkehrs – als Annahme aller im Bestätigungsschreiben aufgeführter Angaben (BGH NJW 198, 1940; BGHZ 20, 149; BGHZ 40, 42).

92   Die Rechtsfolgen des kaufmännischen Bestätigungsschreibens sind derart einschneidend, dass seine Regeln grundsätzlich nur unter Kaufleuten Anwendung finden: Der **Empfänger** des Bestätigungsschreibens muss Kaufmann sein oder zumindest in einem erheblichen Umfang am Geschäftsverkehr teilnehmen (BGHZ 11, 1, und BGH NJW 1987, 1940 [⊙ → **Urteil 2**]). Auch der **Absender** des kaufmännischen Bestätigungsschreibens muss Kaufmann sein oder zumindest wie ein Kaufmann auftreten bzw. wie dieser am Geschäftsverkehr teilhaben. Denn nur dann darf er erwarten, dass sein Geschäftspartner ihm gegenüber den Handelsbrauch anerkennt (BGHZ 40, 42).

93   Entsprechend den obigen Ausführungen zum Sinn des Handelsbrauchs des kaufmännischen Bestätigungsschreibens gelten seine Grundsätze **nicht** wenn:
- das Bestätigungsschreiben zu **spät** abgesendet wurde, dass der Empfänger nicht mit ihm rechnen musste (BGHZ 61, 286; DB 70, 1777; BB 74, 524);
- entgegengesetzte Bestätigungsschreiben sich **kreuzen** (BGH BB 61, 954; 64, 371);
- der Absender des Bestätigungsschreibens selbst um **Gegenbestätigung/Zustimmung** etc. bittet (BGH NJW 64, 1269; BGH DB 70, 1777);
- das Bestätigungsschreiben vom Vertragsinhalt **so weit abweicht**, dass der Empfänger nicht mit einem solchen Inhalt rechnen braucht (BGH WM 85, 518; NJW 82, 1751; BGHZ 54, 242; BGH NJW 66, 1070);
- der Absender des Bestätigungsschreibens den Vertragsinhalt bewusst **arglistig** entstellt (BGH DB 70, 1777).

Den Unterschied zwischen dem Schweigen des Kaufmanns nach § 362 HGB **94** und dem Kaufmännischen Bestätigungsschreiben fasst folgende Tabelle zusammen:

Schweigen des Kaufmanns	Kaufmännisches Bestätigungsschreiben
§ 362 HGB = gesetzliche Fiktion	Handelsbrauch i. S. d. § 346 HGB
nur bei Geschäftsbesorgungsgeschäften	bei allen Geschäften d. h. auch beim Warenkauf.
bestehende Geschäftsverbindungen oder Erbieten zur Durchführung v. Geschäftsbesorgungen	Bestätigung vertraglicher Vorverhandlungen
Schweigen bringt den Vertrag erst zustande	ein bereits (mündl.) zustande gekommener Vertrages erfährt durch das kaufmännische Bestätigungsschreiben seine inhaltliche Änderung
nur Empfänger des Angebotes muss Kaufmann sein	Empfänger wie Adressat des kaufmännischen Bestätigungsschreibens müssen Kaufleute sein oder zumindest als solche am Geschäftsverkehr teilnehmen
Aufbewahrungspflicht für mitgeschickte Sachen auch nach Ablehnung des Antrages (§ 362 Abs. 2 HGB)	Keine Sonderpflichten bezüglich unaufgefordert zugesandter Waren (ggf. § 241a BGB)

95

Abb. 4: Unterschiede des Schweigens des Kaufmannes und des kaufmännischen Bestätigungsschreibens

III. Der Einsatz „kaufmännischer Hilfspersonen" beim Geschäftsabschluss

Nicht nur zur Ausführung seiner Geschäfte, sondern auch zur Vorbereitung **96** und zum Eingehen von Geschäften bedient sich der Kaufmann einer Anzahl von Hilfspersonen. Dies erspart ihm Zeit und ermöglicht so den gleichzeitigen Abschluss einer Vielzahl von Geschäften. Das HGB kennt mehrere Personen, die den Kaufmann bei seiner Geschäftstätigkeit unterstützen. Die Wichtigsten seien in der nachfolgenden Übersicht kurz vorgestellt:

97   Selbständig Gewerbetreibende:

	Person	Norm des HGB	Gewerbe	Abgrenzung
1.	Handelsvertreter	§ 84	Vermittlung oder Abschluss von Geschäften für einen anderen Unternehmer	wenn dauerhafte Tätigkeit im Angestelltenverhältnis: Prokurist (s. Zeile Nr. 7; Handlungsbevollmächtigter (s. Zeile Nr. 8) oder Handlungs- Vermittlungsgehilfe (s. Zeile Nr. 11, 12)
2.	Handelsmakler	§ 93	im Einzelfall (keine dauerhafte Betrauung) Vermittlung von Abschlüssen der für ein kaufmännisches Gewerbe typischen Verträge	wenn dauerhafte Tätigkeit Handelsvertreter (siehe unten: Zeile Nr. 1); wenn dauerhafte Tätigkeit im Angestelltenverhältnis ggf. Handlungs-, Vermittlungsgehilfe (siehe unten: Zeile Nr. 11, 12)
3.	Kommissionär	§ 383	Kauf oder Verkauf v. Waren oder Wertpapieren im eigenen Namen für Rechnung des Auftraggebers (= Kommittenten)	falls Handeln im fremden Namen (= Prokurist (siehe unten: Zeile Nr. 7), Handelsvertreter (siehe oben: Zeile Nr. 1), Handlungs- bzw. Vermittlungsgehilfe (siehe unten: Zeile Nr. 11, 12) falls Geschäfte im eigenen Namen und auf eigene Rechnung sog. Vertrags- od. Eigenhändler.
4.	Frachtführer	§ 425	Beförderung und Ablieferung fremder Güter	wenn ledigl. Vermittlung der Beförderungsverträge Spediteur (siehe unten: Zeile Nr. 5)
5.	Spediteur	§ 453	Organisation der Güterversendung durch Frachtführer im eigenen Namen für fremde Rechnung	Frachtführer (s. Zeile Nr. 4)
6.	Lagerhalter	§ 467	Lagerung und Aufbewahrung fremder Güter	–

98   Angestellte Hilfspersonen des Kaufmanns:

	Person	Norm des HGB	Tätigkeit	Abgrenzung
7.	Prokurist	§§ 48, 49	Vertretung: Abschluss Geschäfte für Kaufmann (= Arbeitgeber)	Handlungsbevollmächtigter (s. Zeile Nr. 8)
8.	Handlungsbevollmächtigter	§ 54	Vertretung: Abschluss einzelner branchenüblicher Geschäfte für Arbeitgeber	wenn selbständig = Handelsvertreter (s. Zeile Nr. 1) zum Prokurist (s. Zeile Nr. 7)
9.	Abschlussbevollmächtigter	§ 55	Vertretung: Abschluss einzelner bestimmter Geschäfte für Arbeitgeber	Handlungsgehilfe (oder Handelsvertreter) mit besonders festgelegter Vollmacht (s. Zeile Nr. 11) bzw. (s. Zeile Nr. 8)

	Person	Norm des HGB	Tätigkeit	Abgrenzung
10.	Angestellter im Laden oder Warenlager	§ 56	Tätigkeiten im Lager oder Warenlager Arbeitgeber	Handlungsbevollmächtigter, wenn Handlungsvollmacht erteilt (s. Zeile Nr. 8)
11.	Handlungsgehilfe	§§ 59, 75h	Übernahme kaufmännische Leistungen für Unternehmer für Arbeitgeber	Handlungsgehilfe, wenn Tätigkeit in der Erbringung kaufmännischer Leistungen besteht (s. Zeile Nr. 11)
12.	Vermittlungsgehilfe	§ 75g	Vermittlung v. Geschäften für Arbeitgeber	Vermittlungsgehilfe = Handlungsgehilfe (s. Zeile Nr. 11) im Außendienst, wenn nicht nur Vermittlung, sondern auch Abschluss v. Geschäften Handlungsbevollmächtigter (s. Zeile Nr. 8)

Abb. 5: Personen, die mit ihren wirtschaftlichen Diensten die Geschäftstätigkeit des Kaufmanns unterstützen

Die **Berechtigung** der Hilfsperson (*Vertretungsbefugnis*) muss gegeben sein. **99** Denn sonst könnte jeder sich als Stellvertreter ausgeben und den Kaufmann zu allen möglichen Geschäften verpflichten. Das Problem, das sich beim Einsatz von Hilfspersonen stellt, wirft die Frage auf, wann sich der Geschäftspartner sich darauf verlassen kann, dass die Hilfsperson tatsächlich ein befugter Vertreter des Kaufmanns ist. Einerseits erscheint es notwendig, den Kaufmann, der Hilfspersonen einsetzt, davor zu schützen, dass diese ihn eigenmächtig zu Geschäften verpflichten, die er nie schließen wollte. Andererseits besteht zum Schutz des Vertrauens des Geschäftspartners eine wirtschaftliche Notwendigkeit. Würde dessen Vertrauen in die Berechtigung der kaufmännischen Hilfsperson nicht rechtlich geschützt, müsste der Vertragspartner in jedem Einzelfall erst langwierig – und unter Umständen extrem kostenaufwendig – ermitteln, ob derjenige, mit dem er in Kontakt steht, auch berechtigt ist, für einen Kaufmann zu verhandeln und/oder Geschäfte wirksam abzuschließen.

Das HGB löst diesen Interessengegensatz durch das überschaubare Angebot **100** von standardisierten Typen kaufmännischer Hilfspersonen (s. Abb. 5). Diese **Standardisierung** von kaufmännischen Hilfspersonen gibt dem Vertragspartner rasch zu erkennen, inwieweit sein Verhandlungspartner Vertretungsmacht für seinen Prinzipal hat und diesen auch rechtswirksam verpflichten kann. Durch die Standardisierung bestimmter „Vertragsabschlusshelfer" erspart das HGB dem Verhandlungspartner, sich umfangreich und kostenintensiv über die Vertragsschließungsbefugnis seines Verhandlungspartners zu erkundigen. Dieser kostensparende Effekt zeigt sich ebenfalls in den vielen Vermutungen und Fiktionen, die im Recht der kaufmännischen Hilfspersonen auftauchen (s. Rn. 101).

Voraussetzung dieser Zeit- und Kostenersparnis ist allerdings, dass jeder Vertragspartner die standardisierten Typen handelsrechtlicher Vertragsabschlusshelfer kennt! Halten Sie daher die folgende Liste immer griffbereit. Einen Überblick über diese Typen gibt folgende Abbildung:

101

	Bezeichnung	Erteilung	Umfang der Vertretungsmacht	mögliche Einschränkung
1.	Prokurist	nur durch Kaufmann; mündl. ausdrücklich an Prokurist oder Dritte	Alle Geschäfte eines (= x-beliebigen) Handelsgewerbes §§ 48, 49 HGB	Grundstücksgeschäfte benötigen eine besondere Erteilung von Vertretungsmacht (§ 49 HGB) Einschränkungen nur gegenüber dem Prokuristen, nicht aber gegenüber dem Geschäftsverkehr mögl. (§ 50 Abs. 1 und 2 HGB). Ausnahmsweise dem Geschäftsverkehr (= Dritte) wirksame Beschränkung auf einen von mehreren Betrieben mögl., sofern dieser Betrieb eigene Firma (§ 50 Abs. 3 HGB)
2.	Handlungsbevollmächtigter	durch Kaufmann; ausnahmsweise durch Nicht-Kaufmann (§ 54) mündl. ausdrücklich od. durch schlüssiges Handeln an Handlungsbevollmächtigten oder Dritte	Alle „branchenüblichen" Geschäfte (§ 54 HGB)	Grundstücksgeschäfte, Eingehen v. Wechselverbindlichkeiten, Aufnahme v. Darlehen und zur Prozessführung besondere Erteilung von Vertretungsmacht erforderlich sonstige Einschränkungen gegenüber dem Handlungsbevollmächtigten mögl. auch gegenüber Geschäftsverkehr mögl., Dritte die Beschränkungen kennen od. hätten kennen müssen (§ 54 Abs. 3 HGB).
3.	Abschlussbevollmächtigter	durch Kaufmann; ausnahmsweise durch Nicht-Kaufmann (§ 55) mündl. ausdrücklich od. durch schlüssiges Handeln an Handlungsbevollmächtigten oder Dritte	Alle „branchenüblichen" Geschäfte und Entgegennahme von Erklärungen zur Mängelgewährleistung und Beweissicherung (§ 55 i. V. m. 54 HGB)	Keine Änderung v. Verträgen bzw. Zahlungsfristen. Besondere Ermächtigung zur Annahme v. Zahlungen (§ 55 Abs. 3 HGB), Grundstücksgeschäfte, Eingehen v. Wechselverbindlichkeiten, Aufnahme v. Darlehen und zur Prozessführung besondere Erteilung von Vertretungsmacht erforderlich sonstige Einschränkungen gegenüber dem Abschlussvertreter mögl. auch gegenüber Geschäftsverkehr mögl., Dritte die Beschränkungen kennen od. hätten kennen müssen (§ 54 Abs. 3 i. V. m. § 55 Abs. 1 HGB).

	Bezeichnung	Erteilung	Umfang der Vertretungsmacht	mögliche Einschränkung
4.	Angestellter im Laden oder Warenlager	Nicht nötig, da. Vermutung (§ 56 HGB); (h. M. BGH NJW 75, 2191)	Alle „branchen- und Laden bzw. Warenüblichen" Verkaufsgeschäften und Entgegennahme entsprechender Erklärungen	–
5.	Handelsvertreter als Abschlussvertreter (zum Abschluss v. Verträgen)	durch Unternehmer (= Kaufmann, od. Nicht-Kaufmann) mündl. ausdrücklich od. durch schlüssiges Handeln an Handlungsbevollmächtigten oder Dritte (§ 84 ff., 91 Abs. 1, § 55 HGB)	Alle „branchenüblichen" Geschäfte und Entgegennahme von Erklärungen zur Mängelgewährleistung und Beweissicherung	wie Zeile Nr. 3 Schweigen des Vertretenen auf Handeln des nicht vertretungsberechtigten Abschlussvertreters gilt als Genehmigung des Geschäftes durch (§ 91a Abs. 2 HGB)
6.	Handelsvertreter als Vermittlungsvertreter (nur zur Vermittlung v. Geschäften)	wie Zeile Nr. 3 (91 Abs. 2 HGB)	Mängelanzeige, zur Verfügung stellen der Ware,	wie Zeile Nr. 3 Schweigen des Vertretenen auf Geschäftsabschluss des nur Vermittlungs- Vertreters (=Nicht-Abschlussvertreters) gilt als Genehmigung des Geschäftes durch Vertretenen (§ 91a Abs. 1 HGB)
7.	Handlungsgehilfe §§ 59, 75h HGB	§§ 164 ff. BGB	je nach Erteilung	Schweigen des Vertretenen auf Geschäftsabschluss des Handlungsgehilfen gilt als Genehmigung des Geschäftes durch Vertretenen (§ 75h HGB)
8.	Vermittlungsgehilfe (§ 75g HGB)	§§ 164 ff. BGB	Entgegennahme von Erklärungen zur Mängelgewährleistung und Beweissicherung (§ 75g i. V. m. § 55 Abs. 4 HGB)	–

Sonderregeln bestehen nach §§ 69 ff. VVG (Versicherungsvertragsgesetz) für Versicherungsvertreter.
Ist dieser gewerbsmäßig zum Abschluss (und nicht nur zur Vermittlung) von Versicherungsverträgen befugt (Abschlussvertreter), entspricht seine Stellung im Wesentlichen der eines Handlungsbevollmächtigten.

102   Den weitestreichenden Vertrauensschutz des Rechtsverkehrs gewährt das Handelsrecht bei Personen, die in einem **Laden** oder **offenen Warenlager** angestellt sind (§ 56). Diese können – auch ohne, dass der Geschäftsherr ihnen Vertretungsmacht erteilt hätten – für diesen Willenserklärungen (Vertragsangebote, Reklamationen, Kündigungen etc.) entgegennehmen oder Verkäufe tätigen. Dabei ist es gleichgültig, ob die Hilfsperson in der Hauptsache oder nur gelegentlich an Verkaufstätigkeit mitwirkt. Auch der Angestelltenvertrag der Hilfspersonen braucht nicht wirksam sein. Es kommt nur darauf an, dass die Hilfsperson mit Wissen und dem Willen des Inhabers im Laden oder Warenlager tätig ist. Damit kommen u. U. auch Familienmitglieder als mögliche Personen i. S. d. § 56 in Betracht.

 Achten Sie besonders auf das Verhalten Ihrer im Laden oder offenen Warenlager angestellten „Hilfspersonen"!

103   **1. Rechtliches „Können" und rechtliches „Dürfen".** Das Recht unterscheidet zwischen dem, was die kaufmännischen Hilfspersonen nach außen – also gegenüber jedem (potentiellen) Vertragspartner – **können** (*Außenverhältnis*) (siehe oben: Abb. 5, Rn. 101, Spalten 3) und dem, was die kaufmännischen Hilfspersonen im Verhältnis zu ihrem Prinzipal **dürfen** (*Innenverhältnis*).

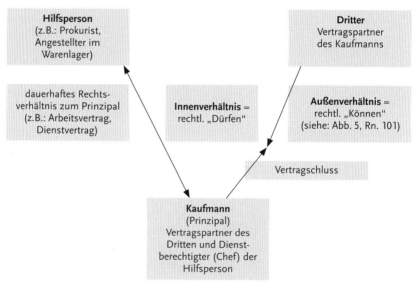

Abb. 6: Die Rechtsverhältnisse beim Einsatz kaufmännischer Hilfspersonen

Das Zusammenspiel zwischen rechtlichem **Können** im Außenverhältnis und rechtlichem **Dürfen** im Innenverhältnis gibt folgender Fall wieder: **104**

Fall (Der engagierte Prokurist): **105**
Der Weingroßhändler Dietmar Wiesner möchte seinen langjährigen verdienten Mitarbeiter Frank Gehring befördern, ohne diesem mehr Gehalt zahlen zu müssen. Aus diesem Grund ernennt Herr Wiesner Herrn Gehring – durch Überreichen einer entsprechenden Urkunde – zu seinem Prokuristen. Wohlweislich beschränkt Herr Wiesner, in eben dieser Urkunde, die „Prokura" auf Geschäfte bis zu einem Höchstbetrag von 5.000 €. Bereits eine Woche nach Erhalt der Urkunde tritt Herr Gehring gegenüber dem Winzer Oliver Kruse als Prokurist des Wiesner auf und bestellt für diesen mehrere Weine zu einem Gesamtnettopreis von 87.996 €.

Lösung 1 (Außenverhältnis):
Der Kaufvertrag zwischen dem Winzer Oliver Kruse und Herrn Wiesner ist gültig. Herrn Gehring hat Herr Wiesner, als dessen Prokurist, rechtmäßig vertreten. Nach § 48 i. V. m. § 49 HGB ist ein Prokurist gegenüber allen Verhandlungspartnern zu **allen** Geschäften ermächtigt. Ungeachtet einer internen Beschränkung kann daher Herr Gehring Herrn Wiesner zur Abnahme und Bezahlung von Wein zu einem Preis von 87.996 € wirksam verpflichten. Selbst wenn Herr Kruse diese Beschränkung kannte oder doch hätte kennen können, ändert dies an der Beurteilung des Falles nichts. § 49 HGB gibt den Umfang der Prokura nach außen derart standardisiert vor, dass es nicht auf das "Kennen" oder "Kennen-Müssen" ankommt. Theoretisch hätte Herr Gehring sogar für Herrn Wiesner eine Pralinenüberziehmaschine erwerben können. Die Prokura berechtigt im Außenverhältnis (also Dritten gegenüber) zum Abschluss irgendeines Geschäftes; dieses muss nicht ein Geschäft sein, das für das Handelsgewerbe des Herrn Wiesners (hier: Weingroßhandel) notwendig oder typisch (sog. branchenübliche Geschäfte) ist.

Lösung 2 (Innenverhältnis):
Die Beschränkung der Prokura ist aber nicht völlig bedeutungslos: Herr Gehring ist Herrn Wiesners Angestellter. In diesem Innenverhältnis wirkt die Beschränkung der Vollmacht. Ihr Übertreten stellt eine Pflichtverletzung bzw. Schlechtleistung der Arbeitspflicht des Herrn Gehring dar. Sein Fehlverhalten berechtigt seinen Prinzipal, Herrn Wiesner, einen ggf. entstandenen Schaden von Herrn Gehring ersetzt zu verlangen. Ferner ist Herr Wiesner berechtigt, Herrn Gehring eine „Abmahnung" zu erteilen, um bei Fortsetzung des abgemahnten Verhaltens Herrn Gehring zu kündigen.

106 **2. Rechtlicher Schutz der kaufmännischen Hilfspersonen.** Oft sind die oben genannten kaufmännischen Hilfspersonen bei dem Kaufmann, den sie vertreten, angestellt oder stehen als Dienstleister in sonstigen dauerhaften vertraglichen Beziehungen:

- Für die Personengruppe der **angestellten Arbeitnehmer** (insbesondere: Prokurist, Handlungs- und Abschlußbevollmächtigter, Angestellte im Laden oder Warenlager) gelten dann die allgemeinen Schutzbestimmungen des Arbeitsrechtes. Diese beinhalten zahlreiche – das HGB ergänzende – Normen des Arbeitnehmerschutzes; wie z. B.: Entgeltfortzahlung im Krankheitsfall, Arbeitszeit und Pausenregelungen, Kündigungschutzrechte, Urlaubsrecht, Mitbestimmungsrechte etc. Nur für Handlungsgehilfen und -Lehrlinge stellt das HGB in §§ 62 ff. spezielle, zu den arbeitsrechtlichen Regelungen tretende, handelsrechtliche Schutzrechte auf.

- Handelsvertreter sind demgegenüber in der Regel „**freie Mitarbeiter**" und zählen nicht zur Gruppe der Arbeitnehmer. Für sie gelten die Schutzrechte des Arbeitsrechtes nicht. Dennoch ist ein spezieller Schutz des Handelsvertreters erfoderlich, denn der Handeslvertreter ist – im Gegensatz zum Handelsmakler (der grundsätzlich nur Einzelaufträge vermittelt) – dauerhaft für seinen Prinzipal tätig. Das HGB stellt im Innenverhältnis speziell für den Schutz des Handelsvertreters Sondernormen in den §§ 86a ff. auf. Die bedeutendsten sind:
  - Der Anspruch auf Überlassung von erforderlichem Material: (Muster, Zeichnungen, Preislisten, Werbedrucksachen, Geschäftsbedingungen) (§ 86a Abs. 1 HGB)
  - Informationspflicht des vertretenen Unternmehmers (§ 86a Abs. 2 HGB)
  - Provision für abgeschlossene Geschäfte (Abschlussprovision) (§ 87 HGB)
  - Provision für vom Handelsverteter übernommene Haftung für die Erfüllung des vermittelten Geschäftes (Delkredereprovision)
  - Kündigungsschutz des Handelsvertreters (§§ 89 f. HGB).

107 Ein weiteres wirtschaftlich bedeutendes Recht des Handelsverteters ist der „**Ausgleichsanspruch des Handelsvertreters**" nach § 89b HGB. Er tritt ein, falls das Vertragsverhältnis zwischen Handelsvertreter und seinem Prinzipal beendet wurde und der Prinzipal die Früchte der vormaligen Geschäftätigkeit seines Handelsvertreters erntet. Der Unternehmer soll nicht die durch den Handelsvertreter angebahnten Geschäftskontakte nur deswegen ausnutzen können, weil das Beschäftigungsverhältnis zu seinem Handelsvertreter vor dem Zeitpunkt des Entstehens eines Provisionsanspruches endet und er ihm somit keine vertragliche Vergütung mehr zahlen muss (BGH WM 1991, 198).

Der Ausgleichsanspruch ist allerdings auch als wirtschaftliches Hindernis **108** einer unzulässigen Beendigung des Vertragsverhältnisses seitens des Unternehmers zu sehen. Gäbe es nämlich den Ausgleichsanspruch des Handelsvertreters nicht, hätte der Prinzipal einen erheblichen finanziellen Anreiz, Handelsvertrter zu kündigen, um die Provisionszahlung sparen zu können. Der Unternehmer griffe immer dann zu Kündigungen, wenn der Handelsvertreter zwar das Geschäft angebahnt, es aber noch nicht abgeschlossen hat.

Der Ausgleichsanspruch ist sehr aufwendig geregelt und stark von der Rechtsprechung beeinflusst.

Ausgleichsanspruch des Handelsvertreters **109**
Der Ausgleichsanspruch fällt bei jeder Vertragsauflösung an.

Es besteht keine Möglichkeit seines Ausschlusses. Auch die den Anspruch einschränkender Abreden sind ungültig (§ 89b Abs. 3 HGB). Eine Begrenzung des Anspruchs **nach** Beendigung des Vertragsverhältnisses ist möglich (BGHZ 55, 124).

110

Tatbestandsmerkmal des § 89b HGB:	Anwendungsfall	Entscheidung	Ausnahme
erheblicher Vorteil des Unternehmers aus der Tätigk Art eit des Handelsvertreters	Notwendigkeit der **dauerhaften** Wertsteigerung durch Neukunden => **nicht**, wenn geworbene Kunden abspringen, ohne dass Untern. die Chance deren Gewinnbringung nutzen konnte.	BGH NJW 85, 860	Untern. unterlässt die Nutzung der Chance
	Nicht, wenn Unternehmen – auf Grund allgem. wirtschaftlicher Situation – zur Umstellung des Betriebes gezwungen ist.	NJW 59, 1964; BGHZ 49, 39 ff.,42	Untern. führt wirtschaftl. Lage selbst herbei (BGH NJW 86, 1931 f.)
Billigkeit des Ausgleichsanspruches	Nicht bei Weiterbeschäftigung zu genau den selben Konditionen	–	
Höhe des Ausgleichsanspruches	gesetzliche Begrenzung: der Vorteil des Unternehmens, bis Jahresdurchschnittsprovision (Brutto) BGHZ 61, 112, 114		

Tatbestandsmerkmal des § 89b HGB:	Anwendungsfall	Entscheidung	Ausnahme
Begrenzung mögl. bei:			
1.	Überdurchschnittlich hohen Kosten der veranschlagten Brutto-Provision	BGHZ 41, 129 ff., 134	–
2.	Abschlag für abgesprungene Altkunden	OLG Karlsruhe JR 58, 59	–
3.	Illoyale Handlungsweise des HVertr. z. Z. des Vertrages	BGH VersR 60, 846	–
4.	Eigentätigkeit des Unternehmens. bei der Kundenwerbung, über das übliche Maß hinausgehend	OLG Schleswig VersR 58, 315; BGHZ 56, 242, 245	–
5.	z. Z. des Vertrages den HVertr. erwiesene besondere (zusätzliche) Vergünstigungen	OLG Düsseldorf NJW 59, 104	–
Ausschluss 89 b Abs. 3 HGB	unprovozierte Eigenkündigung des Handelsvertreters oder Handelsvertreter gibt zur fristlosen Kündigung Anlass		
einverständliche Abgeltung des Anspruches z. Z. des Vertrages	Sonderzuwendungen zu Provisionen	OLG München NJW 61, 1072	muss erkennbar gesondert von Provision erscheinen
			durch sie deutliche Steigerung des Verdienstes gegenüber reiner Provision
			ggf. **Restzahlung** (falls Sonderzuwendung nicht die von Gericht geschätzte Höhe des Ausgleichsanspruches erfüllt.

Abb. 7:   Ausgleichsanspruch Handelsvertreter

IV. Formvorschriften des Handelsrechts

Im Bürgerlichen Gesetzbuch dient die Form einmal der Warnung der Ge- **111**
schäftsparteien vor unüberlegten Handlungen (**Warnfunktion**) und der Sicherung des Inhaltes der Parteierklärungen (**Nachweis-** und **Beweisfunktion**).
Rechtshandlungen, welche die Formvorschriften nicht einhalten, sind daher
ungültig.
Anders ist es im Handelsrecht: Das HGB verzichtet insbesondere auf jene
Formvorschriften, die speziell der Warnfunktion dienen. Durch die Abschaf-
fung zeitaufwändig einzuhaltender Formvorschriften erreicht das HGB unkomplizierte, rasche Vertragsschlüsse und damit einen reibungslosen Waren-
und Dienstleistungsaustausch.
Folgende Rechtsgeschäfte bedürften nach § 350 HGB nicht mehr – wie im
Bürgerlichen Privatrecht – der Schriftform zu ihrer Wirksamkeit: Die *Bürg-
schaftserklärung*, das *Schuldversprechen*, bzw. das *Schuldanerkenntnis* (siehe oben:
Tabelle 1; Zeile Nr. 27). Die Verkürzung strenger zivilrechtlicher Formvorschriften im Handelsrecht dient ebenfalls § 356 Abs. 1. Dieser ermöglicht ein auto-
matisches *Auswechseln von hypothekarisch besicherten Forderungen* (siehe: Abb. 1
Zeile Nr. 31).

Mit der Reduktion der Warnung durch Einhalten von Formvorschriften geht
gleichzeitig die Einschränkung des Schutzes der kaufmännischen Parteien
einher.

Ein Kaufmann – so das HGB – muss nicht wie ein Privater vor den Folgen **112**
seiner Rechtshandlungen gewarnt werden.

V. Die Grundaussagen des 4. Kapitels

§ 362 HGB sowie das Institut des „kaufmännischen Bestätigungsschreibens" **113**
gewähren eine immense Zeitersparnis bei Geschäftsabschlüssen. So bringt
ausnahmsweise das Schweigen eines Kaufmanns, der sich mit der Besorgung
von Geschäften beschäftigt, ein Auftragsverhältnis zwischen ihm und einem
Antragsteller zustande. Das Schweigen auf ein kaufmännisches Bestätigungsschreiben fixiert den Inhalt eines bereits (mündlich) geschlossenen Vertrags.

Dem Vorteil der Zeitersparnis steht aber auch das Risiko dieser Regelungen gegenüber: Der Empfänger eines kaufmännischen Bestätigungsschreibens sowie eines Antrages auf Übernahme von geschäftlichen Dienstleistungen für einen anderen, muss sich grundsätzlich im Klaren sein, dass sein Schweigen verbindliche Rechtsfolgen für ihn auslösen kann.

114   Zum Zweck der raschen Abwicklung von Geschäften stellt das HGB den Kaufleuten eine Vielzahl von Hilfspersonen zur Verfügung:

115   Diese unterscheiden sich hinsichtlich ihrer Befugnisse darin, den Prinzipal (Kaufmann) vertreten zu können.

116   Unterscheiden Sie die Befugnis einen Kaufmann vertreten zu können (Vertretungsmacht oder das rechtliche Können im Außenverhältnis) von der Frage, ob die kaufmännische Hilfsperson gegenüber dem Prinzipal die Berechtigung zum Abschluss derartiger Geschäfte besitzt (dienst- bzw. arbeitsvertragliche Kompetenz oder das rechtliche Dürfen im Innenverhältnis). Die Übertretung dienst- bzw. arbeitsvertraglicher Berechtigungen und Weisungen berührt die Wirksamkeit des, durch die kaufmännische Hilfsperson, zustande gekommenen Geschäftes nicht. Die Zuwiderhandlung hat dienst- bzw. arbeitsvertragliche Konsequenzen (Schadenersatz, Abmahnung, Kündigung etc.).

→   Anregungen zum Weiterdenken IV

5. Kapitel   **Der Begriff „Handelsgeschäft"**

Die besonderen handelsrechtlichen Rechtsfolgen und Pflichten treten nur ein, **117**
wenn ein *Handelsgeschäft* vorliegt. Nach § 343 HGB sind Handelsgeschäfte alle
Geschäfte
1. des **Kaufmanns**,
2. die zum **Betrieb seines Handelsgewerbes** gehören.

1. Die Kaufmannseigenschaft. Ob und wann der Betreiber eines Geschäftes **118**
Kaufmann ist, erläuterte bereits Kapitel 2.

§§ 343 f. HGB setzen immer den „Kaufmann" voraus, also jemanden der ein
Gewerbe führt, dass einen in kaufmännischer Weise eingerichteten Betrieb
erfordert (§ 1 HGB) oder in das Handelsregister eingetragen ist (§ 2 HGB).
Die Vorschriften über Handelsgeschäfte gelten aufgrund von Sondervorschriften (§ 383 Abs.2 Satz 2, 407 Abs.3 Satz 2, § 453 Abs.3 Satz 2, § 467 Abs.2
Satz 2 HGB – abgesehen von §§ 348–350 HGB – auch für Tätigkeiten des
Kommissionärs, des Frachtführers, des Spediteurs und des Lagerhalters,
wenn diese keinen kaufmännisch eingerichteten Geschäftsbetrieb erfordern
und/oder die Firma nicht im Handelsregister eingetragen ist. M. a. W. auch
umsatzschwache nicht eingetragene Kommissionäre, Frachtführer, Spediteure und Lagerhalter unterliegen – mit Ausnahme der §§ 348–350 HGB –
den Regelungen über das Handelsgeschäft.

2. Der Bezug des Geschäfts zum Handelsgewerbe des Kaufmanns. Fraglich **119**
kann oftmals sein, ob das vorgenommene Geschäft auch zum Handelsgewerbe
des Kaufmanns gehört.

Beispiele: **120**
• Papiergroßhändler Sören Seitz kauft Schmuck und Brillianten.
• Die Fraune-Bank erwirbt 9 Eimer weiße Farbe.
• Der Inhaber eines Musikalien-Großhandels mietet 6 Hotelzimmer.

Alle diese Geschäfte könnten durchaus etwas mit dem Gewerbe des Kauf- **121**
manns zu tun haben. Aber es bleiben Zweifel. Das HGB erleichtert die Zuord-
nung eines bestimmten Geschäftes zu dem Handelsgewerbe des Kaufmanns.
§ 344 HGB enthält nämlich eine **Vermutung**. Nach dieser Vermutung zählen –

im Zweifel – alle von dem Kaufmann vorgenommenen Rechtsgeschäfte zum Betrieb seines Handelsgewerbes.

 Sie brauchen nicht selber langwierig und kostenaufwendig zu ermitteln, ob das speziell vorgenommene Geschäft zum üblichen Gewerbe ihres Geschäftspartners gehört. Bei Zweifeln weist § 344 HGB das Geschäft dem Handelsgewerbe zu.

122 Unter den verschiedenen **Handelsgeschäften** des Kaufmanns (z. B.: *Kaufvertragabschlüsse, Kommissionsverträge, Speditions-, Frachtführergeschäfte, Transportverträge, Aufbewahrungs- Kommissionsverträge, Bürgschaften, Eingehen von Wechselverbindlichkeiten,* aber auch *Mahnungen, Kündigungen, Fristsetzungen, Ablehnungsandrohungen, Leistungsannahmen* oder *-verweigerungen* etc.) nimmt der Handelskauf in der Praxis die wirtschaftlich größte Bedeutung ein.

6. Kapitel   Der Handelskauf

Entsprechend der großen Bedeutung des Handelskaufes für die Praxis hat ihn **123** der Gesetzgeber besonders nachhaltig geregelt:
- Beispielsweise kann der Verkäufer die Ware – nach vorheriger Androhung – auf Kosten des Käufers für seine Rechnung versteigern lassen, wenn der Käufer die Ware nicht rechtzeitig annimmt (Annahmeverzug § 373 Abs. 2 HGB. Abb. 1 Zeile Nr. 12).
- Für diesen Fall hat der Verkäufer ebenfalls ein (im Handelsrecht erweitertes) Recht den geschuldeten Kaufgegenstand – ebenfalls auf Kosten des Käufers – in jedem öffentlichen Lagerhaus oder an sonst sicherer Stelle zu hinterlegen (§ 373 HGB); siehe: Abb. 1 Zeile Nr. 18).
- Der Verkäufer darf ferner, in diesem Fall, die Ware sogar auf Kosten des Käufers verkaufen lassen (§ 373 Abs. 2 Abs. und Abs. 3 HGB; sog. Selbsthilfeverkauf Abb. 1 Zeile Nr. 21).
- Daneben bestehen eingehende handelsrechtliche Spezialregelungen hinsichtlich der Festlegung der Leistung: Verzögert der Käufer die Bestimmung der Leistung, so kann der Verkäufer diese selbst bestimmen, oder Schadenersatz verlangen (§ 375 Abs. 2 HGB, siehe: Abb. 1 Zeile Nr. 15),
- oder bezüglich der Rechtsfolgen bei Säumnis der Warenlieferung bei einem Geschäft, bei dem der Verkäufer zu einem vorher genau festgelegten Zeitpunkt leisten soll (erleichtertes Rücktrittsrecht des Käufers beim sog. Fixhandelskauf, § 376 HGB, siehe: Abb. 1 Zeile Nr. 16).
- Die in der Praxis wichtigsten Besonderheiten und rechtlichen Eigenheiten des Handelskaufes bilden die Regeln der Mängelgewährleistung (siehe: Abb. 1 Zeile Nr. 23, 24).

I. Mängelgewährleistung beim Handelskauf

Wie im Bürgerlichen Gesetzbuch hat der Käufer beim Handelskauf nach § 437 **124** BGB das Recht,
1. eine mangel- bzw. fehlerhafte Sache zurückzugeben, also **Rücktritt** (oder Wandlung § 346 BGB = Rückgabe der Ware gegen Rückerstattung des Geldes) §§ 437, 440, 323 BGB,
2. deren Kaufpreis zu **mindern** (= Herabsetzung des Kaufpreises im Verhältnis zur Fehlerhaftigkeit der Ware): §§ 437, 440, 323 BGB,

3. die sog. **Nacherfüllung** in Gestalt der Nachlieferung oder der Nachbesserung (= Lieferung einer fehlerfreien Ware oder deren Reparatur) zu verlangen oder ggf.

4. **Schadenersatz** vom Verkäufer (= Ersatz der dem Käufer möglicherweise entstandenen Vermögenseinbußen) zu verlangen: §§ 437, 440, 280, 281 BGB,

5. oder statt dem Schadenersatz oder der Leistung den **Ersatz** jener **Aufwendungen** zu verlangen, die der Käufer im Vertrauen auf Leistung gemacht hat: §§ 437, 284 BGB.

→ Zur Rangfolge der Geltendmachung der verschiedenen Gewährleistungsrechte siehe: Abbildung 8:

Mangelhafte Sache i.S.d. §§ 434 BGB
(= Fehlen der vereinbarten Eigenschaft od. falls keine Vereinbarung getroffen fehlende Eignung Sachmangel auch: fehlerhafte Montage der Sache / Lieferung einer anderen Sache/Zu-Wenig-Lieferung)

grundsätzlich zunächst **Nacherfüllung**	**Keine vorrangige Nacherfüllung bei:**
nach Wahl des Käufers **Nachlieferung** oder **Nachbesserung** Verkäufer kann Wahl des Käufers ablehnen, wenn die gewählte Form der Nacherfüllung mit unverhältnismäßigen Kosten verbunden (§ 439 Abs. 3 BGB). In diesem Fall Aktualisierung der jeweils anderen Alternative	**Rücktritt (Wandlung):** wenn (§ 323 Abs. 2 BGB): 1. Schuldner (Verkäufer) Leistung (Nacherfüllung) ernsthaft verweigert; oder 2. Schuldner erfüllt nicht rechtzeitig, obschon Gläubiger (= Käufer) sein Interesse an der Leistung an Rechtzeitigkeit geknüpft hat; oder 3. Interessenabwägung rechtfertigt Rücktritt
Nacherfüllung entfällt: 1. Verkäufer verweigert Nacherfüllung (§ 275 Abs. 2 oder 3 BGB; § 439 Abs. 3 BGB); oder 2. Nacherfüllung schlägt fehl (§ 440 BGB)	**Minderung**: wenn (§ 323 Abs. 2 BGB): 1. Schuldner (Verkäufer) Leistung (Nacherfüllung) ernsthaft verweigert; oder 2. Schuldner erfüllt nicht rechtzeitig, obschon Gläubiger (= Käufer) sein Interesse an der Leistung an Rechtzeitigkeit geknüpft hat; oder 3. Interessenabwägung rechtfertigt Rücktritt **Schadenersatz**: wenn (§281 Abs. 2 BGB): 1. Schuldner (Verkäufer) Leistung (Nacherfüllung) ernsthaft verweigert; 2. oder Interessenabwägung rechtfertigt Rücktritt **Gewährleistungsansprüche des Verkäufers gegen seinen Lieferanten (§ 478 BGB)**

1. **Rücktritt** (Wandlung): §§ 437, 440, 323, 346 BGB
2. **Minderung**: §§ 437, 440, 323 BGB
3. **Schadenersatz**: §§ 437, 440, 280, 281 BGB
Statt Schadenersatz oder Leistung:
4. **Ersatz der Aufwendungen**, die Käufer im Vertrauen auf Leistung gemacht hat: §§ 437, 284 BGB

Abb. 8:   Mängelgewährleistung beim Kauf einer mangelhaften Sache

> Die Mängelgewährleistung ist eine sogenannte „Einrede". Diese muss der Käufer selbst vortragen; sonst bleibt sie ungehört.

Der Käufer braucht nicht bis zur Auslieferung der Ware mit der Erklärung eines der vier Gewährleistungsrechte zu warten. Erkennt er vorher die Fehlerhaftigkeit der Ware, kann er vor Auslieferung der Ware diese rügen. Dies erspart Zeit und unnötige Transportkosten.

Besonderheiten ergeben sich bezüglich des zeitlichen Ausschlusses dieser Mängelgewährleistungsrechte: Das BGB regelt den zeitlichen Ausschluss (Verfristung) in zeitlichen Staffeln. Das HGB arbeitet dafür mit einer Fiktion: Der Käufer gibt – so § 377 Abs. 2 HGB – seine Genehmigung der fehlerhaften Ware zu erkennen, wenn er diese nicht unverzüglich untersucht und unverzüglich rügt.   **125**

126

		Private	Kaufleute
	Verjäh-rungs-frist	§ 438 BGB (Einrede der Verjährung)	§ 377 HGB (Fiktion der Genehmigung mangelhafter Ware)
		Fehler/Mangel	Grund
1.	2 Jahre	Es sein denn, Zeile Nr. 2 od. 3	
2.	5 Jahre	Bauschäden	Waren-Untersuchung und -Rüge nicht unverzüglich
3.	30 Jahre	Fehler besteht in dinglichen Herausgaberecht eines Dritten an der verkauften Ware; Grundstücksgeschäfte	

Abb. 9: Zeitlicher Ausschluss der Geltendmachung von Gewährleistung bei mangelhafter Lieferung

Obige Tabelle zeigt, welche strengen zeitlichen Anforderungen der Gesetzgeber an die Geltendmachung von Mängelgewährleistungsansprüchen beim Handelskauf knüpft. Der Käufer soll möglichst rasch eine Entscheidung treffen, ob er die ausgelieferte Ware behalten will oder nicht. Diesem Ziel dient auch die Ausgestaltung des § 377 HGB als **Fiktion**. Dadurch, dass das Gesetz einfach eine tatsächlich kaum anzunehmenden „Genehmigung" der fehlerhaften Ware unterstellt, schafft es für den Verkäufer endgültige Klarheit, dass er die Ware nicht noch zurücknehmen muss. Der Verkäufer braucht, für eine eventuelle Rücknahme der Ware nunmehr keine Lagerkapazitäten vorbehalten. Die Rechtslage des HGB erspart ihm erhebliche Lagerkosten.   **127**

Die harschen Rechtsfolgen und strengen Pflichten des § 377 HGB greifen nur in dem Fall ein, in dem das Geschäft für beide Seiten ein Handelsgeschäft (**beiderseitiges Handelsgeschäft**) ist, d. h. wenn der Kauf sowohl für den Käufer als auch für den Verkäufer ein Handelsgeschäft darstellt. Die Frage, ob ein Handelsgeschäft vorliegt, beantwortet § 343 HGB und die hilfreiche (zeit und kostensparende) Vermutung des § 344 HGB.

128 Besondere Probleme ergeben sich in der Praxis hinsichtlich der Frage, wann genau der Käufer einer Ware diese
- „unverzüglich **untersucht**" und
- „unverzüglich beim Verkäufer **gerügt** hat".

129 Die Rechtsprechung ist hier sehr komplex. Um Licht in das – auch für manchen Juristen – dunkle Kapitel zu bringen, sei die Gesamtproblematik anhand folgender Sachverhalte schrittweise dargestellt:

130 **Fall (hektisches Weihnachtsgeschäft):**
Der Betreiber einer Tiergroßhandlung und Zoo-Fachgeschäftes Herr Carsten Hohmann, ordert für seine 24 Verkaufsstellen vom Hundefutterhersteller, der Bringmann GmbH & Co. KG, 9 Euro-Paletten Hundefutter in Dosen. Als ein Auslieferungsfahrer der Bringmann GmbH & Co. KG diese am Montag, den 9.12.2002 bei Herrn Hohmann abliefert, weist er diesen, auf Grund des hektischen Weihnachtsgeschäftes an, die Euro-Paletten gleich in sein Verkaufs-Lager zu schieben. Zu einer Besichtigung oder gar Kontrolle der Ware hat bis Neujahr ohnehin niemand Zeit. Tatsächlich war das Hundefutter bereits mehrer Tage vor der Auslieferung in Gärung übergegangen und als Hundenahrung völlig unbrauchbar.

Lösung:
Eigentlich hat Herr Hohmann einen Anspruch auf Rücktritt (Wandlung), Nachlieferung etc. aus §§ 437 i. V. m. 434 BGB (siehe Abb. 8), denn die gekaufte Ware ist i. S. d. § 434 BGB mangelhaft. Die Durchsetzung seiner Gewährleistungsrechte gegenüber dem Futterhersteller scheitert in diesem Fall jedoch an § 377 HGB: § 377 Abs. 1 HGB verpflichtet den Käufer eines beidseitigen Handelskaufes zu einer unverzüglichen Warenuntersuchung und unverzüglichen Rüge deren Mangelhaftigkeit. Eine unverzügliche Untersuchung der Lieferung ist hier schon ansatzweise nicht erfolgt. Die gesamte Lieferung gilt (Fiktion) daher als durch Herrn Hohmann genehmigt (§ 377 Abs. 2 HGB siehe: Abb. 1 Zeile Nr. 23). § 377 HGB ist auch anwendbar, denn es liegt ein beidseitiges Handelsgeschäft vor: Herr Hohmann ist auf Grund

seiner umfangreichen wirtschaftlichen Geschäftstätigkeit Kaufmann i. S. d. § 1 HGB. Der Hundefutterhersteller, die Bringmann GmbH & Co. KG, ist Kaufmann auf Grund ihrer Rechtsform (GmbH & Co. KG, Formkaufmann § 6 HGB).

Probleme tauchen in der Praxis dann auf, wenn der Käufer die Ware tatsächlich untersucht. Hier stellt sich regelmäßig die Frage, ob diese Untersuchung **rechtzeitig** erfolgte oder zeitlich verspätet ist. § 377 Abs. 1 HGB fordert zum Zweck der Beschleunigung des Handelsverkehrs eine *„unverzügliche"* Untersuchung. **131**

Beispiel: Abwandlung 2 (hektisches Weihnachtsgeschäft): **132**
wie Ausgangsfall oben; nur auf Grund des hektischen Weihnachtsgeschäftes nimmt Herr Hohmann 6 Tage nach Anlieferung der Ware diese in Augenschein. Als er die oben beschriebenen Mängel feststellt, ruft er sofort bei dem Hersteller der Bringmann GmbH & Co. KG an und fordert die sofortige Belieferung mit fehlerfreier, frischer Ware (Nachlieferung i. S. d. §§ 439, 437 BGB).
In dieser Abwandlung stellt sich die Frage, ob die Untersuchung der Ware – 6 Tage nach deren Lieferung – noch unverzüglich i. S. d. § 377 HGB war.

Die Beantwortung der Frage was unter einer *„unverzüglichen"* Untersuchung zu verstehen ist, hat nicht nur Bedeutung für die Anwendung des § 377. Sie beeinflusst ebenfalls erhebliche, die praxisrelevante Frage, was dem Käufer – im Rahmen seiner Untersuchungspflicht – alles verlangt werden kann: **133**

Nach § 121 BGB bedeutet „unverzüglich" nicht „sofort", sondern *„ohne schuldhaftes Zögern"*. Diese für den Kaufmann wichtige Begriffsbestimmung räumt ihm das Recht ein, sich auf Entschuldigungsgründe zu berufen, die eine Warenuntersuchung auch einige Zeit nach der Warenlieferung als rechtzeitig i. S. d. § 377 HGB erscheinen lassen. **134**

Beispiel: **135**
Ist ein Großteil seines Lagers oder seine Geschäftsräume abgebrannt, würde der Geschäftsbetrieb des Kaufmanns unangekündigt bestreikt, so dass er plötzlich kein Personal mehr hätte oder erleidet der Kaufmann einen Herzanfall und muss ins Krankenhaus, ohne dass für ihn so schnell Ersatz zu beschaffen sei, so ist die Überschreitung der sonst üblichen Untersuchungszeit entschuldigt.

Obschon das HGB wesentlich strengere Rechtsvorschriften als das BGB enthält, verlangt es nichts Unmögliches von einem Kaufmann.

136   Für die Fälle, in denen keine derart gravierenden Sachverhalte, die dem Kaufmann ohne jegliche Schuld, an der Warenuntersuchung verhindert ist, bürdet das Gesetz dem Käufer keine sachfremden und praxisfernen Verpflichtungen auf: § 377 Abs. 1 HGB enthält in diesem Sinne eine weitere „Einschränkung" der Verpflichtung zur unverzüglichen Warenuntersuchung. Der Käufer hat nämlich die Ware nur insofern unverzüglich zu untersuchen, als dies „*nach ordnungsgemäßen Geschäftsgange* tunlich ist". Wann eine unverzügliche Untersuchung in einem ordnungsgemäßen Geschäftsgang tunlich ist, ist grundsätzlich schwer festzustellen. Die Beantwortung der Frage hängt in jedem Einzelfall von einer Vielzahl von Gesichtspunkten und Fakten – insbesondere von der Art der Ware, der notwendigen Qualität und dem zur sicheren Feststellung von Fehlern zu fordernden Umfang der Untersuchung, sowie von den regionalen Handelsbräuchen und sonstigen Verhältnissen des Geschäftes – ab.

137   **1. Die Untersuchungszeit und die geforderte Qualität der Untersuchung.** Dem Handelsrecht genügt nicht irgendeine „unverzüglich begonnene" Untersuchung. Vielmehr knüpft das Handelsrecht an die Art der Untersuchung bestimmte **qualitative** Voraussetzungen: so genügt dem § 377 HGB nur eine Untersuchung, die generell geeignet ist, einen Fehler der Ware zuverlässig aufzuspüren. Somit hängt die Frage der Rechtzeitigkeit jeder Untersuchung entscheidend von den inhaltlich, qualitativen Anforderungen ab, die an die Untersuchung zu stellen sind.

Die Frage, wie intensiv der Käufer eine Ware untersuchen muss, kann nicht für alle Fälle gleich beantwortet werden. Ihre Lösung hängt vielmehr entscheidend von der Art der Ware ab. Hierzu hat die Rechtsprechung eine ungeheure Zahl *warenspezifischer* Entscheidungen getroffen. Deren grundsätzliche Eckdaten zur Untersuchungspflicht sind nachfolgend aufgeführt:

138   **Beispiele aus der Rechtsprechung:**
Zur ordnungsgemäßen Prüfung einer **Maschine** kann es eben erforderlich sein, die Maschine aufzubauen, umfangreiche Testläufe zu absolvieren (OLG Köln BB 1988, 20) oder sie sogar in den gesamten Produktionsablauf zu integrieren. Im Einzelfall kann hier eine ordnungsgemäße Prüfung i. S. d. § 377 HGB Wochen beanspruchen (RGZ 59, 75 f.). Ähnliches gilt für den Kauf eines **Computer-Programms.** Auch hier beanspruchen u. U. mehrere

durchzuführende Testläufe je nach Komplexität des Programms mehrere Tage. Auch **Mehl** und **Braugerste** muss der Käufer zur ordnungsgemäßen Prüfung erst verbacken bzw. verbrauen (RGZ 68, 368, 369 f.). **Treib-Öl** ist grundsätzlich chemisch zu untersuchen, auch wenn dies sehr viel Zeit in Anspruch nimmt (RGZ 104, 382, 383; BGHZ 60, 5 [→ **Urteil 3**]). **Lebensmittelkonserven** muss der Kaufmann grundsätzlich öffnen, um ihren Inhalt ordnungsgemäß untersuchen zu können (OLG Hamburg HansRGZ 1936 B. 420, 421). Auch **Flaschenkorken** sind auf ihre Eignung durch Zerschneiden zu untersuchen (BGH WM 1987, 1299). **Gefärbte Textilien** muss der Käufer auf ihre Farbechtheit untersuchen und einem Wasch- und Kochtest unterziehen. Nur ausnahmsweise genügt ein Abreiben des gefärbten Stoffes mit einem feuchten Lappen (BGH NJW 76, 625 [→ **Urteil 4**]). Zeigen sich Spinnfehler bei **Garnen** erst nach dem Einfärben des Gewebes, ist zunächst eine Stoffprobe einzufärben (RGZ 73, 165, 168 f.).
Demgegenüber kann insbesondere für **leicht verderbliche Waren** (Südfrüchte, Gemüse, Salat etc) die Untersuchungsfrist im Einzelfall auf nur wenige Stunden zusammenschrumpfen (OLG München NJW 55, 1560 f.).

Ordnen Sie die in Ihrem Handelsgewerbe erworbenen Güter den oben wiedergegebenen Kategorien zu. Damit ermitteln Sie die „Laufzeit ihrer ordnungsgemäßen Prüfung".

Eine Checkliste, die Ihnen die Einordnung der Ihre persönliche Untersuchungspflicht beeinflussenden Aspekte bietet und die Bestimmung Ihrer Waren-Untersuchungszeit erleichtert finden Sie in Rn. 155. **139**

Gestützt auf ein Urteil des Reichsgerichtes (RGZ 47, 20, 21 f.) hält sich bis heute die „Faustregel", der Käufer habe zur ordnungsgemäßen Warenuntersuchung eine Woche Zeit. Diese Faustregel nutzt Ihnen nichts. Sie schafft eher eine falsche Sicherheit! Denn es kommt – wie gesehen – auf den jeweiligen Einzelfall an.

140 a) **Die Pflicht zur Untersuchung durch Sachverständige?** Grundsätzlich kann der Kaufmann und Käufer der Ware diese mit eigenem Sachverstand und mit einfachen Mitteln untersuchen:

- So genügt bei der Untersuchung von Lebensmitteln die simple Geruchs- und/oder Geschmacksprobe oder das Überprüfen der Ware anhand ihres Aussehens (BGH NJW 91, 2633 [→ **Urteil 5**]).
- Konserven braucht der Käufer zur Prüfung auf Mängel der in ihnen enthaltenen Ware (hier: Pilze) nicht zu erhitzen (BGH BB 77, 1019 [→ **Urteil 6**]).
- Stellen sich auf Grund seiner Geruchs- oder Geschmacksprobe Verdachtsmomente für die Mangelhaftigkeit der Ware ein, hat der Käufer diesen durch weitere Prüfungen nachzugehen (RG DR 39, 1795; OLG München BB 1955, 848; auch RGZ 62, 255, 258 für zwei verschiedenzeitlich auftretende Fehler).

141 Eine „im ordnungsgemäßen Geschäftsgang tunliche Prüfung" ist an objektiven Maßstäben, insbesondere an dem der **Sorgfalt** eines ordentlichen Kaufmannes, zu messen: Eine ordnungsgemäße Untersuchung darf daher nicht daran scheitern, dass der Käufer persönlich nicht in der Lage ist, Fehler festzustellen.

→ Musterlösung IV

Der Käufer kann daher im Einzelfall – insbesondere bei schwer festzustellenden Fehlern – gezwungen sein, einen Sachverständigen zu befragen. So ist bei angelieferten Chemikalien unter Umständen das Gutachten eines Handelschemikers einzuholen (BGH LM Nr. 13 zu § 377 HGB).

Allerdings dürfte die generelle Kontrolle der angelieferten Ware durch Sachverständige ein Ausnahmefall sein. Sonst wäre der Käufer stets mit sehr hohen Kosten belastet (siehe: BGH LM Nr. 6, 19 zu § 377 HGB). Ein Anhaltspunkt, der die generelle Hinzuziehung von Sachverständigen bedingt, ist etwa der besonders **hohe Wert der Lieferung** oder die **Kosten**, die aus der **Verwendung der fehlerhaften Ware** entstehen können (hier: Einbau von ungeprüften Dachziegel; RG LZ 1908, 931 Nr. 6; auch OLG Frankfurt ZIP 1985, 107, 108). Weiß ferner der Käufer, dass ihm die **notwendigen Fachkenntnisse fehlen** oder kommen ihm bei der Erstkontrolle der Ware **Verdachtsmomente** (RG DR 39, 1795), die er nicht weiter hinterfragen kann, so ist die Mitarbeit eines geeigneten Fachmannes bzw. Sachverständigen geboten.

142 b) **Stichproben.** Spezielle Probleme ergeben sich großen Warenmengen und/ oder bei Waren deren Prüfung sie für den Verkauf unbrauchbar macht. Hier entfaltet der Wortlaut des § 377 HGB „*soweit im ordnungsgemäßen Geschäftsgang tunlich*" seinen ureigenen inhaltlichen Stellenwert. Denn eine vollständige Untersuchung der gesamten angelieferten Ware ist

1. aus zeitlichen Gründen unzumutbar
2. aus wirtschaftlichen Gründen dem Käufer unzumutbar. Denn der untersuchende Käufer müsste zu Prüfzwecken die gesamte Ware zerstören oder unverkäuflich machen. Beides kann nicht im Sinne einer funktionstüchtigen Wirtschaftsordnung sein.

Dies erkennt die Rechtsprechung zu § 377 HGB an. Sie schafft zwar nicht die **143** Untersuchungspflicht des Kaufmanns gänzlich ab, lässt aber ausreichen, dass der Kaufmann hier repräsentative Stichproben zieht.

Die Art der Ware entscheidet über den Umfang und die Aufführung der vorzu- **144** nehmenden Stichproben:
- Bei nach der Stichprobe unverkäuflicher Ware (Beispiel: Pilze in Konservendosen) genügt eine Stichprobenmenge von 6 Dosen bei insgesamt 2.400 gelieferten Konservendosen (⊙ BGH BB 77, 1019).
- Zur ordnungsgemäßen Stichprobenziehung bei einer Liefermenge von 5.000 Dosen Apfelmus reicht die Öffnung von 10 Dosen (RGZ 106, 359, 362).

Die gezogenen Stichproben müssen für die gesamte Lieferung repräsentativ **145** sein:
Zur Untersuchung von Obst und Gemüse dürfen nicht nur die Kisten, die in der Nähe der Wagontür stehen, untersucht werden (OLG München BB 55, 749). Der Kaufmann muss Stichproben vielmehr an verschiedenen Stellen ihres Gebindes, ihres Behältnisses, ihrer Verpackung und/oder ihres Transportmittels entnehmen (RGZ 106, 362). Von 80 Fässern Fisch sind mehrere Fässer zu öffnen. Aus den geöffneten Fässern sind nicht nur die in den Fässern zu oberst liegenden Fische, sondern auch Fische aus unteren Lagen zu untersuchen (RG WarnR 1919 Nr. 102, S. 158, 159).

Lösung Abwandlung 2 (hektisches Weihnachtsgeschäft): **146**
Die oben dargestellten Grundsätzen machen klar, Herr Hohmann hat mit seiner Untersuchung erst nach 6 Tagen ab Ablieferung der Ware diese nicht unverzüglich i. S. d. § 377 HGB untersucht. Zwar hat er die „Faustregel" (siehe: RGZ 47, 20, 21) von einer Woche eingehalten. Diese „Faustregel" ist aber kein verbindlicher Handelsbrauch (zu Handelsbräuchen im Zusammenhang mit der Mängelgewährleistung siehe Rn. 150 ff.). Es kommt nach der Rechtsprechung vielmehr auf die näheren Umstände des Einzelfalles an: Als einen solchen Umstand führt Herr Hohmann die allgemeine Hektik des

Vorweihnachtsgeschäfts an. Das Reichsgericht hatte im Jahre 1922 sogar einmal (bei der Bestimmung der Untersuchungspflicht) eine „persönlich zeitweise Überlastung des Käufers" berücksichtigt (RG JW 22, 802). Allerdings ist diese Entscheidung ein Ausnahmefall geblieben. Die Rechtsprechung legt – im Interesse der Schnelligkeit des Handelsverkehrs – die Untersuchungspflicht sehr streng aus. Dabei kommt es nicht darauf an, was dem Käufer in seinen individuellen Verhältnissen und Fähigkeiten zumutbar und möglich ist. Abstellen ist vielmehr auf jene objektive Gründe, die einen ordentlichen Kaufmann an Ausübung der ihm obliegenden gesteigerten kaufmännischen Sorgfalt (§ 347 HGB) hindern (beispielsweise sind gesetzliche Feiertage bei der Berechung der Untersuchungszeit zu berücksichtigen; nicht aber betrieblich gewählte Freizeiten [RG HRR 1931, Nr. 769]). Mit der Untersuchung einer Warenlieferung **unmittelbar vor den Weihnachtsfeiertagen** muss der Käufer daher **unmittelbar nach den Feiertagen** beginnen [BGH LM Nr. 9 zu § 377 HGB]. Solche Gründe liegen hier nicht vor: Die Bringmann GmbH & Co. KG hat die Ware 15 Tage vor den gesetzlichen Weihnachtsfeiertagen geliefert. Herr Hohmann hätte ohne weiteren Aufwand die Lieferung in Augenschein nehmen können. Dabei hätte er ohne weiteres feststellen können, dass die Deckel einiger Dosen gewölbt sind, was den dringenden Verdacht auf den Verderb der Ware mehr als nur nahe legt. Diesem sich aufdrängenden Verdacht hätte der Kaufmann, Herr Hohmann, nachgehen müssen (RG DR 39, 1895). Dies gebietet seine Sorgfaltspflicht als ordentlicher Kaufmann (§ 347). Ein weiteres Nachgehen, diese sich aufdrängenden Verdachtsmomente forschen, war Herrn Hohmann – selbst angesichts der Weihnachtshektik – auch zuzumuten. Denn hier hätte Herr Hohmann Stichproben ziehen können. Das Öffnen auch nur einiger weniger Dosen, die Herr Hohmann von unterschiedlichen Stellen der Europaletten entnommen hätte, hätte rasch und ohne großen Kostenaufwand Klarheit gebracht. Sein „unprofessionelles", da zögerliches Handeln sieht § 377 HGB als Genehmigung der fehlerhaften Ware. Herr Hohmann ist mit seiner Mängelgewährleistung ausgeschlossen. Er muss die drei Euro-Paletten gärigen Tierfutters nicht nur bezahlen, sondern bleibt auch auf der Ware sitzen. Dies ist besonders ärgerlich. Denn Herr Hohmann hat jetzt auch für die kostspielige Entsorgung des verdorbenen Fleisches in Dosen zu sorgen.

Zu dem zu zahlenden Kaufpreis treten oft die erheblichen Kosten, die mangelhafte bzw. verdorbene Ware nicht mehr zurückgeben zu können. Unter Umständen können Ihnen hier erhebliche Lager-, Verwaltungs- aber auch Entsorgungskosten entstehen.
Kalkulieren Sie diese Kosten in die Entscheidung mit ein, ob und in welchem Maße Sie Geld und Arbeitskraft für die Wareneingangskontrolle investieren.

c) Das Untersuchungs-Personal. **147**

148

> **Beispiel:**
> Abwandlung 2 (hektisches Weihnachtsgeschäft): Wie oben, Herr Hohmann wendet nur ein, er sei zwar Chef könne sich doch nicht ernsthaft um jede angelieferte Dose Hundefutter in seinem Betrieb kümmern.

Natürlich muss sich ein ordentlicher Kaufmann nicht um jede Einzelheit seines Betriebes kümmern: Ein ordentlicher Kaufmann hat seine Zeit anderen Aktivitäten als ausschließlich der Wareneingangskontrolle zu widmen. Im Einzelfall ist allerdings von dem Kaufmann zu fordern, zusätzliches, **geeignetes Personal** für die Durchführung der Wareneingangskontrolle bereitzustellen und ggf. einzustellen. So insbesondere, wenn der Kaufmann (während der allgemeinen Urlaubszeit) größere Warenlieferungen erwartet (RG LZ 1926, 541 f. Nr. 7). Dasselbe muss für die Zeit des Weihnachtsgeschäfts gelten. Hier weiß der Kaufmann im Voraus, dass verstärkt Arbeit im Verkauf und in der Warenannahme anfällt. Er kann und muss Vorsorge treffen, dass alle in Zusammenhang seines Handelsgewerbes anfallenden Aufgaben ordnungsgemäß erledigt werden können. **149**

Die hier angesprochene Problematik wirft jedoch ein generelles betriebswirtschaftliches Problem des § 377 HGB auf: Speziell die Einstellung von Personal ist sehr teuer. Gerade hier besteht die Gefahr, die Anforderungen an den untersuchungspflichtigen Kaufmann zu übermäßig auszudehnen. Bei der Frage, was *„im ordnungsgemäßen Geschäftsgang tunlich"* ist, muss daher – auch die Rechtsprechung – die jeweiligen finanziellen Möglichkeiten des Einzelbetriebes mitberücksichtigen, und die ökonomischen Interessen an einem reibungslos funktionierenden Waren- und Dienstleistungsverkehr bzw. den individuellen Interessen des Verkäufers an der raschen Klärung der Rechtslage einerseits mit den betriebswirtschaftlichen Möglichkeiten eines Käufers andererseits abwägen. Anderenfalls könnten sich insbesondere Mittelständische Unternehmen keine ausreichende ordnungsgemäße Warenuntersuchung mehr leisten und wären – über § 377 Abs. 2 HGB – von der Möglichkeit, die ihnen an sich zustehenden Mängelgewährleistungsrechte geltend zu machen, faktisch ausgeschlossen.

 Der Kaufmann selbst hat das Risiko von der Geltendmachung von Gewährleistungsansprüchen nach § 377 Abs. 2 HGB ausgeschlossen zu sein gegen jene Kosten abzuwägen, die eine unverzügliche und intensive Warenkontrolle mit sich bringen.

150 **d) Handelsbräuche und Umfang der Untersuchungspflicht.** Im Einzelfall können für bestimmte Waren oder Brachen bestehende **Handelsbräuche** (RGZ 96, 176; BGH BB 70, 1416) insbesondere internationale Handelsbräuche (OLG Hamb. Urteil v. 4.11.1961 – 1 K 38/61, in: AWD 62, 53) den Umfang der Untersuchungspflicht festlegen.

151 Beispiele:
- Nach einem im Raum Aachen geltenden Handelsbrauch darf sich die Untersuchung von Textil-Gewerbe nicht auf die ersten Meter eines Stoffballen beschränken (LG Aachen BB 52, 213).
- Ein weiterer Handelsbrauch bestimmt, dass lose verkaufte Heringe sofort am Kai, Heringe in Kisten dagegen erst nach ihrer Anlieferung beim Käufer zu untersuchen sind (OLG Hamburg HansRGZ 1930 B, 500 f.).

152 Die Handelsbräuche bestimmen die Art der Untersuchung (RG 96, 175); nicht aber können sie den Kaufmann von der Untersuchungspflicht gänzlich befreien (RG 125, 79).

 Erkundigen Sie sich bei Ihrer IHK oder Ihrer Handwerkskammer, ob und wenn ja, welche speziellen Handelsbräuche zur Warenuntersuchung bestehen.

 → Musterlösung I

153 **e) Nicht feststellbare Mängel.** Sind Fehler der Ware selbst nach Erfüllung aller oben dargestellten Anforderungen nicht aufgefunden und zeigen sie sich später (sog. „verdeckter" Mangel), so genügt der Käufer der Ware seiner Pflicht dann, wenn er „unverzüglich nach der Entdeckung" des Mangels, dies dem Verkäufer anzeigt (§ 377 Abs. 3 HGB). Unmögliches verlangt das HGB auch vom Kaufmann nicht.

f) Zusammenfassende Übersicht. Abschließend sei eine Kurzübersicht in Ge- **154** stalt einer **Checkliste** angefügt, die alle relevanten Aspekte der Festlegung der Untersuchungspflicht für Kaufleute bzw. der Untersuchungszeit zusammenfassend in Relation zueinander setzt und so die Berücksichtigung und die Festsetzung der Untersuchungspflicht und deren zeitlichen Rahmen der Praxis erleichtert. Die nachfolgende Checkliste kann dabei nur eine, wenngleich auch praxisrelevante und für die Vielzahl der Fälle sicherlich zutreffende praxisnahe Entscheidungshilfe darstellen. Es sei jedoch an dieser Stelle mit der Rechtsprechung darauf verwiesen, dass die exakte Festlegung des Pflichtenumfanges und deren zeitlicher Dimension stets Frage des jeweiligen Einzelfalles ist. Die nachfolgende Checkliste kann somit naturgemäß keine allgemeingültige Festlegung der für Sie geltenden Untersuchungsfrist darstellen.

Untersuchungspflicht nach § 377 HGB **155**
Faustregel = 1 Woche (RGZ 47, 20, 21 f.)

jedoch Notwendigkeit der Berücksichtigung aller Umstände des Einzelfalls:

	Grund	Eigenschaft Verhältnis	Erfordernis	Bedeutung für Dauer der Untersuchung	Vorrang vor (Inhalt Zeile Nr.)
1.	Art der Ware	leicht verderblich	rasche Durchführung der Untersuchung	*verkürzend*	vor 2, 5
2.		besonders wertvoll	besonders intensive Untersuchung	*verlängernd*	
3.		Massenware	repräsentative Stichproben	*verkürzend*	vor 2
4.	Art des Mangels	leicht feststellbar	Augenschein (bzw. Geschmacks-, Geruchs-, Tastprüfung)	*verkürzend*	vor 1, 3
5.		Fehler kann sich erst bei Einsatz des Produktes zeigen	Test durch Probeläufe, Verarbeitung, Analyse des Produktes	*verlängernd*	
6.		Erkennung des Fehlers erfordert besondere Sachkenntnis	Sachverständige	*verlängernd*	vor 2
7.		zieht (wirtschaftlich) gravierende Folgemängel nach sich	besonders intensive Untersuchung; ggf. durch Sachverständige	*verlängernd*	vor 4
8.	Art der Untersuchung	Untersuchung zerstört die Ware	repräsentative Stichproben	*verkürzend*	vor 5

	Grund	Eigenschaft Verhältnis	Erfordernis	Bedeutung für Dauer der Untersuchung	Vorrang vor (Inhalt Zeile Nr.)
9.	besondere Umstände	existierende Handelsbräuche	vorrangig an erster Stelle zu berücksichtigen	*je nach Inhalt*	grunds. vor 1–8 und 10–12
10.		gesetzl. Sonn- und Feiertage während des Prüfungszeitraumes	Einkalkulieren	*verlängernd*	vor 1–8
11.		unvorhersehbare Verhinderung des Kaufmanns oder ebensolche Störung seines Gewerbebetriebs (z. B.: Krankheit, Havarie, Streik)	Einkalkulieren	*verlängernd*	vor 1–8
12.		Ware und deren Untersuchung geben Anlass zu weiteren Zweifeln und weiteren Verdachtsmomenten	Fortsetzung der Untersuchung; wenn Fall der Zeile ggf. Sachverständige hinzuziehen	*verlängernd*	vor 2–8

Abb. 10:   Untersuchungspflicht nach § 377 HGB

156   **2. Die Mängel-Rüge des Kaufmanns.** Nicht nur die Warenuntersuchung muss unverzüglich erfolgen. Der Käufer hat auch unverzüglich den Mangel der gelieferten Ware zu rügen. Die Rüge hat zu erfolgen, sobald der Käufer den Mangel der Ware entdeckt.

157   **a) Die Rechtzeitigkeit der Rüge.** Tritt der Mangel schon bei der Anlieferung der Ware zu Tage, fällt die Zeit der unverzüglichen Rüge sogar mit dem **Anlieferungszeitpunkt** zusammen.

158   Der Vollzug der Rüge ist grundsätzlich nicht so kompliziert wie die Untersuchung der Ware. Aus diesem Grund knüpft die Rechtsprechung hohe Anforderungen an die Rechtzeitigkeit, d. h. Unverzüglichkeit der Rüge (vgl.: BGHZ 93, 338 [⊙ → **Urteil 7**]):

159   **Beispiele aus der Rechtsprechung:**
- Schon die geringfügigste vermeidbare Nachlässigkeit des Käufers, die die Rüge hinauszögert, führt zur Anwendung des § 377 Abs. 2 HGB und damit zum Ausschluss dessen Gewährleistungsrechte (BGHZ 93, 338, BGH ZIP 1987, 852).

- Eine persönliche Verhinderung des Käufers – sofern diese nicht eine plötzliche eintretende gravierende Ursache hat (plötzliche Krankheit, Unfall, Brand etc.) – schließt eine rechtzeitige Rüge i. S. d. § 377 HGB aus (→ BGHZ 93, 338; OLG Hamburg OLGE 32, 169).
- Angestellte des Kaufmanns dürfen die erforderliche Rüge nicht bis zum Wiedereintreffen des Kaufmannes in seinen Betrieb hinauszögern.
- Der ordnungsgemäße Kaufmann muss vielmehr während seiner Abwesenheit dafür sorgen, dass seine Angestellten der Rügepflicht nachkommen (RG Warn 1925, Nr. 177, S. 240, 241).
- Nur die gesetzlichen Feiertage können zu einer zulässigen Verlängerung der Rügepflicht führen (auch: RG JW 1922, 802, 803).
- Die zulässige Rüge setzt nicht das Entdecken des Mangels in der eigenen Untersuchung des Käufers voraus (BGH LM Nr. 1 und 18 zu § 377 HGB). Hat der Kaufmann anderweitig Kenntnis von der Fehlerhaftigkeit seiner Ware, etwa durch den Hinweis eines Konkurrenten, der die selbe Ware erhalten und bereits untersucht hat, so hat der Kaufmann diesen Verdachtsmomenten nachzugehen und seine Rüge schon bei sich abzeichnenden Fehlern dem Verkäufer zu melden.

b) Der Inhalt der Mängel-Rüge. Die Rüge verfolgt den Zweck, den Verkäufer **160** frühestmöglich darüber zu informieren, dass er nicht mit der Abwicklung des Geschäftes rechnen kann. Der Verkäufer soll sich durch die rechtzeitige Rüge insbesondere darauf einstellen können, die Ware ggf. zurückzunehmen und somit Lagerplatz vorzuhalten (RG LZ 1925, 654, 655). Auf Grund des Zweckes der Rüge muss der Käufer in der Rüge dem Verkäufer lediglich mitteilen, welche **Lieferung** er wegen welcher **Fehler** in welchem **Umfang** beanstandet (BGH WM 1986, 415).

Nicht erforderlich ist demnach, **161**
- dass sich der Käufer in seiner Rüge bereits auf ein bestimmtes Mängelgewährleistungsrecht (Wandlung; Minderung, Nacherfüllung, Schadenersatz [Einzelheiten siehe Rn. 124 ff.]) festlegt, oder
- dass er die Ursachen des Mangels der Ware benennt.

Den Mangel oder Fehler der Ware hat der Käufer möglichst genau zu beschrei- **162** ben (BGH LM Nr. 12 zu § 377 HGB).
- Besteht der Fehler der Ware in ihrer Abweichung von einer Industrienorm, so hat der Käufer sogar den Grad der Abweichung anzugeben (BGH LM Nr. 21 zu § 377 HGB).

- Von mehreren auftretenden Mängeln hat er alle rechtzeitig dem Verkäufer zu melden, anderenfalls gilt seine Genehmigung hinsichtlich der verspätet gerügten Mängel als erteilt (RGZ 45, 12 f.).

Machen Sie dem Verkäufer das Ergebnis Ihrer Untersuchung vollständig zugänglich, sofern Sie nicht hierdurch Geschäfts- und/oder Produktionsgeheimnisse verraten. Dies sichert eine unkomplizierte einvernehmliche Durchsetzung Ihrer Mängelgewährleistungsrechte. Ein zuverlässiger, kaufmännisch arbeitender Verkäufer kann kein Interesse haben, die Geltendmachung Ihrer berechtigten Ansprüche durch Infragestellen (unsinniges Bestreiten) des Mangels bewusst zu verzögern.

163   **c) Die Erklärung der Mängel-Rüge.** Die Rügeerklärung bedarf grundsätzlich **keiner** besonderen **Form.** So muss sie nicht die Unterschrift des Käufers tragen. Auch fernmündliche Erklärungen oder E-Mails sind gültig.

164   Die rechtzeitige Rüge hat gegenüber dem Verkäufer zu erfolgen. Der Verkäufer kann dazu auch Vertreter oder Erklärungsempfänger (siehe Rn. 96 ff.) einsetzen. Die diesen Personen gegenüber abgegebenen Erklärungen kommen dann im selben Moment beim Verkäufer an. In diesem Zusammenhang kommt besonders zum tragen, dass das Handelsrecht – neben dem *Prokuristen* und *Handlungsbevollmächtigten* – verschiedene Hilfspersonen des Kaufmanns extra mit einer Empfangsbefugnis für die Mängelgewährleistung per Gesetz ausstattet. Empfangsberechtigt per Gesetz ist der *Abschlussbevollmächtigte* (§ 55 HGB i. V. m. § 54 HGB), der *Handelsvertreter* als *Abschluss-* und als *Vermittlungsvertreter* (§ 91 HGB) und der *Vermittlungsgehilfe* (§ 75g HGB i. V. m. § 55 Abs. 4 HGB). Bei entsprechendem Rechtsschein und für bestimmte Geschäfte (siehe oben: Rn. 101, Spalte 3) sind auch *Angestellte* im Laden oder Warenlager (§ 56 HGB), oder *Handlungsgehilfen* (§ 75h HGB) in der Lage, Erklärungen für den Verkäufer, also den Kaufmann, anzunehmen.
Nicht zur Entgegennahme einer Rüge ermächtigt ist ein vom Verkäufer verschiedenes Lieferunternehmen, der Frachtführer, Makler oder Kommittent (KG LZ 19, 613).

Auch der Fahrer, der die Ware anliefert, ist in der Regel nicht zur Entgegennahme von Rügen befugt (RGZ 102, 295 f; OLG Köln BB 1954, 613). Eine dieser Personen gegenüber geäußerte Rüge erreicht den Verkäufer erst, wenn dieser tatsächlich von ihr hört. Dann aber kann der Zeitraum der Unverzüglichkeit längst verstrichen sein.

Übermitteln Sie die Rüge gleich nach Erkennen des Fehlers direkt an den Verkäufer oder seine empfangsberechtigten Personen per FAX, E-Mail etc. Dies garantiert die schnellste Art der Übermittlung. Gleichzeitig erhalten Sie mit diesen Übertragungsarten einen Beleg, der den Zeitpunkt der Rügeerklärung wiedergibt. Ein Telefongespräch mit dem Verkäufer kann dann immer noch erfolgen.

3. Sonderfall: Durchhandeln, Durchreichen und Streckengeschäft. Probleme **165** der Warenuntersuchung ergeben sich beim sog. *Durchhandeln,* bzw. *Durchreichen* oder *Streckengeschäft.* Bei all diesen Geschäftsformen liefert der Verkäufer die Ware nicht an seinen Käufer, sondern an dessen Käufer direkt aus.

Beispiel: **166**
Der eingetragene Kaufmann Daniel Ulner, mit Sitz in Münster kauft vom Hersteller der Thomas Habbe GmbH, mit Sitz in Paderborn, Bauholz. Dieses verkauft er gleich an den Endabnehmer, dem Rechtsanwalt Prof. Dr. Joachim Berndt, wohnhaft in Hamm, weiter und bittet den Hersteller das Bauholz nicht nach Münster, sondern direkt zu Dr. Berndt nach Hamm zu liefern.
In dieser Konstellation hätte Käufer I nur die Möglichkeit, das Material zu prüfen, wenn er nach Hamm fährt.

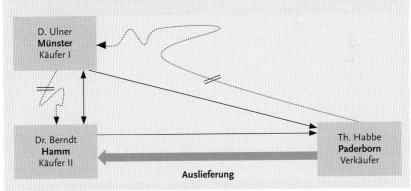

Einen solchen zeitraubenden und kostenintensiven Aufwand verlangt das Handelsrecht nicht. Der Erst-Käufer (hier: Daniel Ulner) kann hier die Untersuchung durch seinen Abnehmer (hier: Dr. Berndt) durchführen lassen. Voraussetzung des Erhaltes der Mängelgewährleistungsrechte des Erstkäufers ist **167**

dann, dass der Zweit-Käufer seinerseits die Untersuchung unverzüglich durchführt und entweder eine unverzüglich Mängelanzeige – in Vertretung des Erstverkäufers – an den Verkäufer schickt, oder den Erstkäufer unverzüglich informiert und dieser dann die Rüge ebenfalls unverzüglich an den Verkäufer weiterleitet (BGH BB 54, 954).

168   **4. Sonderfall: Die „Zu-Wenig-Lieferung"**

169   **Beispiel Abwandlung 3 (Futter gut, aber zu wenig):**
Wie oben, nur der Auslieferungsfahrer der Bringmann GmbH & Co. KG, hat Herrn Hohmann zwar ordnungsgemäße Ware jedoch statt der bestellten drei Euro-Paletten nur zwei Euro-Paletten geliefert.
Es gilt das gleiche Ergebnis: Auch hier ist Herr Hohmann mit seinen Gewährleistungsrechten nach § 377 HGB ausgeschlossen. Die Ware ist zwar nicht schlecht, es handelt sich hier aber um einen sogenannten Mengenfehler. Diesen Mengenfehler, in Gestalt einer Zu-Wenig-Lieferung, stellt bereits das Bürgerliche Gesetzbuch einem Sachmangel gleich (§ 434 Abs. 3 BGB). Herr Hohmann hätte die fehlende Warenmenge unverzüglich erkennen und rügen können. Seine Verspätung gilt wiederum als Genehmigung, jetzt aber nicht der Ware, sondern ihrer geringeren Menge (§ 377 Abs. 2 HGB).

Die Mängelgewährleistung gilt nicht nur für mangel- bzw. fehlerhafte Ware, sondern **auch** für die Falschlieferung (= Lieferung einer nicht bestellten Ware) oder einer „Zu-Wenig-Lieferung" (= Mengenfehler) (§ 434 Abs. 3 BGB).

170   Der Käufer ist daher mit seiner Rüge, der Verkäufer habe ihm etwas Falsches oder zu wenig geliefert, auch nach § 377 Abs. 2 HGB ausgeschlossen, wenn er Ware und deren Quantität nicht rechtzeitig geprüft und seine entsprechende Rüge unverzüglich vorgetragen hat.

An die zeitliche Unverzüglichkeit der Warenuntersuchung sind engere Maßstäbe als bei der Untersuchung eines Qualitätsfehlers der Ware zu stellen. Denn in der Regel lassen sich Mengenfehler (die sog. *Zu-Wenig-Lieferung*) bereits beim ersten Augenschein oder beim Durchzählen oder wiegen der Ware feststellen. Auch hier sind Stichproben zu ziehen, insbesondere, wenn die Ware in großen Mengen bzw. in einzelnen Gebinden, Fässern oder Umverpackungen angeliefert wird.

Im Fall der nicht bzw. der nicht rechtzeitig gerügten „**Zu-Wenig-Lieferung**" hat **171** der Käufer den vollen Kaufpreis zu zahlen. Berechnet der Verkäufer den Kaufpreis entsprechend der geringeren Menge, so muss der Käufer auch nur diesen zahlen. Er verliert dann aber durch seine verspätete Rüge seinen Anspruch, die fehlende Ware nachzufordern (BGHZ 91, 300 f.) oder die Ware als Teilleistung abzulehnen (§ 266 BGB) bzw. wegen der „Zu-Wenig-Lieferung" Schadenersatz zu fordern oder vom Vertrag zurückzutreten.

In der Regel schafft die „Zu-Wenig-Lieferung" kaum Probleme: Zur Wahrung der Geschäftsbeziehung lässt sich oft der Verkäufer auf verspätet erkannte und vorgebrachte Einrede der Minderlieferung ein und liefert in der Regel nach.

Nur zur Wiederholung:

Beispiel Abwandlung 3 (Die Weihnachtsspende):   **172**
Wie Ausgangsfall oben; nur Rechtsanwalt Henning Knühl bezieht von der Bringmann GmbH & Co. KG das Hundefutter, um zum Weihnachtsfest eine Spende an das örtliche Tierheim zu machen. Zu diesem Zweck lässt er das Futter, ohne es gesehen zu haben, gleich zum Tierheim liefern. Von dort erfährt er erst nach sieben Wochen, dass das Futter verdorben sei.

Lösung:
Kein Problem für Herrn Knühl! Dieser ist nämlich Rechtsanwalt und damit **kein** Kaufmann (siehe Rn. 30). Es liegt kein beidseitiges Handelsgeschäft i. S. d. § 377 HGB vor. Die Normen des HGB gelten für Herrn Knühl daher nicht. Herr Knühl kann vielmehr auf die allgemeinen Verjährungsfristen – also in diesem Fall 2 Jahre – des BGB zurückgreifen. Diese Frist ist noch nicht abgelaufen. Der Anspruch auf Mängelgewährleistung besteht daher noch.

Das Gesetz kommt hier zu einer ungewöhnlichen Regelung: Obschon ein **173** Rechtsanwalt mit den Regeln der Sachmängelgewährleistung im Zivil- wie im Handelsrecht sowie mit bestehenden Handelsbräuchen in der Regel gut vertraut ist, sieht ihn das Gesetzt als schutzwürdiger an als einen Kaufmann. Hier verbirgt sich keine Schikane der Kaufleute, sondern der große Respekt vor der täglichen Praxis und dem Fachwissen des Kaufmanns.

II.   Der Notverkauf mangelhafter Ware

174   Nimmt der Verkäufer seine rechtzeitig als mangelhaft beanstandete Ware nicht zurück, und droht die Ware zu **verderben**, hat der Käufer das Recht, die Ware verkaufen zu lassen (§ 379 Abs. 2 HGB sog. „*Notverkauf* siehe: Abb. 1 Zeile Nr. 24). Die **Kosten** des Notverkaufs der Ware trägt der Verkäufer (§ 379 Abs. 2 HGB i. V. m. § 373 Abs. 3 HGB).

Ganz so einfach und schnell kommt aber der Käufer einer mangelhaften Sache nicht zu Geld. Zwar entfällt eine an den Verkäufer gerichtete vorherige Androhung des Verkaufes, aber der Käufer muss alle Erfordernisse des § 373 HGB einhalten. D. h., er darf die mangelhafte Ware nicht **selbst** weiterverkaufen, sondern muss sie entweder **öffentlich versteigern** lassen oder sich zum Verkauf eines zu solchen Verkäufen **öffentlich** bestellten Handelsmaklers oder zu einer öffentlichen Versteigerung befugten Person bedienen (§ 379 Abs. 2 HGB i. V. m. § 373 Abs. 2 HGB). Diese Formalitäten dienen dem Schutz des Erst-Verkäufers.

175   **Beispielsfall:**
Angenommen, Herr Hohmann habe es endlich geschafft, die Ware rechtzeitig zu untersuchen und deren Mangel zu rügen. Er verlangt die Rücknahme der Ware und die Lieferung neuer Ware. Herr Thomas Beile, der Prokurist der Bringmann GmbH & Co. KG, weigert sich, die drei Euro-Paletten verdorbenen Hundefutters zurückzunehmen. Er könne schließlich das faulige Fleisch auch nicht billiger entsorgen. Stattdessen schlägt er die Minderung des Kaufpreises vor. Nun gelingt es Herrn Hohmann, einen Käufer ausfindig zu machen, der darauf vertraut, dass der Inhalt noch einiger Dosen in Ordnung ist und der die gesamten drei Euro-Paletten zu einem Spottpreis von Herrn Hohmann übernehmen will (sog. Chancenkauf). Kann er diese Dosen, die Herr Hohmann ja eigentlich zurückgeben will, weiterverkaufen?

Lösung:
Hier ist größte Eile geboten. Weigert sich der Verkäufer die mangelhafte Ware zurückzunehmen und droht deren Verderb, so kann der Käufer, Herr Hohmann, die Gegenstände zu Geld machen. Herr Hohmann muss jedoch die Voraussetzungen des § 373 HGB beachten: Er darf nicht eigenmächtig die Ware an einen interessierten Dritten verkaufen. Notverkäufe i. S. d. § 379 Abs. 2 HGB dürfen nur in einer öffentlichen Versteigerung, ein öffentlicher Auktionator, oder außerhalb einer öffentlichen Versteigerung, (im sog. *„Frei-*

verkauf") ein öffentlich bestellter Handelsmakler oder eine andere zur öffentlichen Versteigerung befugte Person durchführen (§ 373 Abs. 2 HGB). Ein sogenannter Verkauf der Waren in eigener Regie ist Herrn Hohmann nicht möglich. Tut er es doch, sind die Folgen für ihn u. U. fatal: Herr Hohmann verliert gegenüber der Bringmann GmbH & Co. KG sein Recht auf Wandlung und Nachlieferung und ist ggf. der Bringmann GmbH & Co. KG schadenersatzpflichtig (RGZ 43, 37; RGZ 101, 18).

Schalten Sie bei erforderlich werdenden Notverkäufen immer eine der oben aufgeführten Personen ein.

7. Kapitel   Das kaufmännische Zurückbehaltungsrecht

176   Das Recht, Gegenstände solange nicht zurückzugeben, bis der andere Teil eine Forderung erfüllt hat (*Zurückbehaltungsrecht*), hat das HGB für den Rechtsverkehr unter Kaufleuten **erweitert:**

- Im Gegensatz zum Bürgerlichen Recht § 273 BGB setzt das kaufmännische Zurückbehaltungsrecht nicht voraus, dass der Anspruch des Schuldners aus demselben Schuldverhältnis stammt wie seine Verpflichtung (§ 369 HGB Abb. 1: Zeile Nr. 6).
- Das Zurückbehaltungsrecht besteht im Handelsrecht auch an Sachen und Wertpapieren (§ 369 HGB; Abb. 1: Zeile Nr. 7).
- Das Zurückbehaltungsrecht gewährt dem Verkäufer eine Art Pfandrecht an der zurückbehaltenen Sache (371 Abs. 1 und 2 HGB; Abb. 1: Zeile Nr. 8).
- Der Inhaber des Zurückbehaltungsrechts kann – auf Kosten des säumigen Gläubigers – die geschuldete Sache verkaufen lassen und den Erlös für sich behalten (§ 371; Abb. 1: Zeile Nr. 9).

177   Bedingung ist allerdings, dass ein „**beidseitiges Handelsgeschäft**" vorliegt (siehe Rn. 117 ff.), d. h. sowohl der Zurückbehaltende als auch der Schuldner müssen Kaufleute i. S. d. § 1 ff. (siehe Rn. 1 ff.) sein.

178   Das kaufmännische Zurückbehaltungsrecht kommt nicht nur beim (Handelsgeschäft des) Handelskauf vor. Fälle des kaufmännischen Zurückbehaltungsrechtes ergeben sich ebenfalls bei **Lager-**, **Frachtführer-**, **Kommissions**- oder **Speditionsgeschäften** (Rn. 190–220).

179   **Beispielfall (Zerrüttete Geschäftsbedingungen):**
Nach den gesamten Vorfällen sind die Geschäftsbeziehungen zwischen Herrn Hohmann und der Bringmann GmbH & Co. KG dermaßen „gestört", dass die Parteien geschäftlich nichts mehr miteinander zu tun haben wollen. Die Bringmann GmbH & Co. KG hatte jedoch Herrn Hohmann vor mehreren Jahren eine automatisierte Spezial-Waage für LKW geliehen. Fahren LKW über diese Waage, so können Herr Hohmann und der Lieferant das Gewicht der jeweiligen Ladung sofort einfach und zuverlässig feststellen. Der Prokurist der Bringmann GmbH & Co. KG fordert nun die Waage von

Herrn Hohmann zurück. Herr Hohmann weigert sich, die Waage zurückzugeben; schließlich steht noch die Rückzahlung des im Voraus bezahlten Kaufpreises für das verdorbene Hundefutter aus. Diese soll die Bringmann GmbH & Co. KG erstmal an ihn zahlen.

Lösung:
Herr Hohmann hat Recht. Zwar besitzt die Bringmann GmbH & Co. KG eine Forderung auf Rückgabe der Waage. Dem stehen aber – wie hier: im Fall der rechtzeitigen Untersuchung und Rüge – die berechtigten Ansprüche des Herrn Hohmann auf Wandlung (= Rückerhalt des Kaufpreises) zu. Obschon diese Forderungen aus einem ganz anderen Sachverhalt als der Verleihung der Waage stammt, kann Herr Homann nach § 369 HGB anführen, um sie gegen das Rückgaberecht der Bringmann GmbH & Co. KG geltend zu machen. Herr Hohmann darf daher die Waage solange zurückbehalten, wie die Bringmann GmbH & Co. KG nicht seine Forderung ihm gegenüber beglichen hat.

I. Der Verkauf der zurückbehaltenen Sache

180 Dem Zurückbehaltenden ist nicht allein damit gedient, den Gegenstand des Schuldners einzubehalten. Schließlich möchte er zu dem das noch ausstehende Geld des Schuldners kommen. Dieses berechtigte Interesse unterstützt § 371. § 371 gibt dem Gläubiger die Möglichkeit, den zurückbehaltenen Gegenstand zu Geld zu machen. Wirtschaftlich erreicht das Gesetz damit zweierlei:
1. Durch den **Verkauf** des zurückbehaltenen Gegenstandes erhält der Gläubiger einen Verkauferlös und kann damit seine Forderung begleichen.
2. Bereits die gesetzliche Möglichkeit des Verkaufs der zurückbehaltenen Sache gewährt dem Gläubiger ein – in der Praxis wirksames – **Druckmittel**, den Schuldner zu motivieren, die Forderung „freiwillig" zu begleichen.

181 **Fall (Spiegels neue Waage):**
Herr Hohmann, der die LKW-Waage schon damals nicht gebraucht hat, findet jetzt in Herrn Spiegel einen potenten Käufer, der die Waage auch mit den 4.500 € bezahlen will.

182   Im Gegensatz zum „Notverkauf" einer rechtmäßig gerügten, mangelhaften Sache erfordert der Verkauf einer zurückbehaltenen Sache die Erfüllung mehrerer einschneidender Bedingungen:

183   1. Sofern nichts anderes unter den Parteien vereinbart (in der Praxis selten), verlangt der Verkauf einen *„vollstreckbaren Titel auf Befriedigung aus dem zurückbehaltenen Gegenstand"* (§ 371 Abs. 3 HGB). D. h. der Zurückbehaltende muss erst gegen den Eigentümer, d. h. den Schuldner, klagen.

> Der Klageantrag des Schuldners lautet nicht, den Gläubiger zu verurteilen, die noch ausstehende Schuld zu bezahlen. Der zurückbehaltende Schuldner muss vielmehr beantragen, den Gläubiger zu verurteilen, ihm zu gestatten, sich wegen seiner Forderung aus dem zurückbehaltenen Gegenstand zu befriedigen.

2. Der Verkauf der zurückbehaltenen Sache setzt ferner die **vorherigen Information** des Gläubigers über den Verkauf voraus (Abb. 1 Zeile Nr. 9 und Zeile Nr. 32).

3. Im Gegensatz zum Zivilrecht darf aber statt erst nach einem Monat, bereits eine Woche nach dieser Benachrichtigung mit dem Verkauf **begonnen** werden § 371 Abs. 2 HGB (siehe: Abb. 1 Zeile Nr. 32).

184   **Lösung (Spiegels neue Waage):**
Im obigen Beispielsfall scheidet der Weiterverkauf der LKW-Waage an Herrn Spiegel bereits an diesen beiden Voraussetzungen.

185   Zusätzlich zu den beiden oben genannten Voraussetzungen hat – wie auch beim *Notverkauf* einer mangelhaften Sache (siehe Rn. 174 ff.) – der Zurückbehaltende nicht selbst das Recht, den zurückbehaltenen Gegenstand in eigener Regie zu verkaufen. Er kann diesen nur mit Hilfe einer

186   1. „öffentlichen Versteigerung" (§1235 Abs. 1 BGB)
2. oder falls der Gegenstand einen Markt- bzw. Börsenpreis hat im sogenannten „freihändigen Verkauf"
   – durch einen öffentlich bestellten Handelsmakler oder
   – durch eine zu einer öffentlichen Versteigerung befugten Person (§§ 1235 Abs. 2, 1221 BGB)
3. oder durch einen Gerichtsvollzieher (§§ 1233 Abs. 2 BGB i. V. m. §§ 814 ff. ZPO)
durchführen.

Der Verkauf einer zurückbehaltenen Sache ist zwar ein probates Mittel, an Geld vom Schuldner zu kommen, es setzt aber die Erfüllung einer Vielzahl juristischer Anforderungen voraus. Der zurückbehaltende Gläubiger sollte daher genau überlegen, ob er diesen Weg einschlagen will. Das Überdenken seines Entschlusses empfiehlt sich. Denn in der Regel bedeutet der Verkauf eines zurückbehaltenen Gutes einen derart definitiven Einschnitt in bestehende Geschäftsbedingungen, dass es nur in seltenen Fällen möglich sein wird, das zerstörte Vertrauen des Geschäftspartners wiederherzustellen. Die Geschäftsbeziehungen sind in der Regel ein für allemal ruiniert. Eine sorgfältige Abwägung aller geschäftlichen Vor- und Nachteile ist hier geboten.

II. Sonderfall: Zurückbehaltungsrecht an Sachen, die dem Schuldner nicht gehören?

187 Mitunter kann es vorkommen, dass der Schuldner einen Gegenstand beim Gläubiger deponiert, der nicht ihm, sondern einem anderen gehört. Hier stellt sich die Frage, ob der Gläubiger auch an diesen „schuldner-fremden" Sachen ein Zurückbehaltungsrecht i. S. d. § 371 HGB begründen kann. Dazu folgende Abwandlung:

188

Abwandlung des Beispielsfalls „Zerrüttete Geschäftsbedingungen":
Wie wäre der oben geschilderte Fall zu lösen, wenn sich herausstellt, dass die Bringmann GmbH & Co. KG nie Eigentümer der LKW-Waage war; diese vielmehr auch nur von dem Kaufmann Oliver Kruse geliehen hatte?

Lösung
Ein Zurückbehaltungsrecht existiert nur am Eigentum des Schuldners. An fremden Sachen kann es nie begründet werden (§ 369 Abs. 2 HGB). Dies gilt auch dann, wenn Herr Hohmann fest davon ausging, dass die Waage der Bringmann GmbH & Co. KG gehört.

Das kaufmännische Zurückbehaltungsrecht besteht nie an Sachen, die dem Schuldner nicht selbst gehören. Auch die (gutgläubige) Meinung des potentiellen Erwerbers, der Zurückbehaltene sei Eigentümer, nutzt in diesem Fall nichts.

→ Anregungen zum Weiterdenken VI

189   Zu der im Handelsverkehr besonders interessanten Frage, ob und unter welchen Voraussetzungen ein Erwerber auch von einem Nichteigentümer das Eigentum erwerben kann, siehe zudem Rn. 221 ff.

8. Kapitel   **Das Frachtführer-Geschäft**

Durch den Frachtführer-Vertrag verpflichtet sich der Frachtführer gegenüber **190**
dem Absender ein oder mehrere Güter zum Bestimmungsort zu transportieren
und dort abzuliefern (§ 407 HGB).

> Die Regelungen der §§ 407 ff. gelten nur für die Beförderung von Gütern zu
> Lande, auf Binnengewässern und mit Luftfahrzeugen. Für die Beförderung
> von Personen oder Gütern zur See bestehen Sonderbestimmungen. z. B.: das
> Personenbeförderungs-Gesetz, die Eisenbahn-Verordnung, das Luftver-
> kehrs-Gesetz, Gesetz zu Harmonisierung des Haftungsrechts im Luftver-
> kehr, für den internationalen Transport auf der Straße das Übereinkommen
> über den Beförderungsvertrag im internationalen Straßengüterverkehr
> (⊙ → CMR) und für den Seetransport §§ 556 ff. HGB (Güterseetransport),
> 664 ff. HGB (Personenseetransport).
> Die Regelungen des HGB zum Frachtgeschäft ergänzen – soweit dies der
> enge Rahmen des § 449 HGB noch zulässt – spezielle Allgemeine Geschäfts-
> bedingungen insbesondere die Allgemeinen Deutschen Spediteur-Bedin-
> gungen (⊙ → ADSp), die Vertragsbedingungen für den Güterkraftverkehr-
> und Logistikunternehmer (⊙ → VBGL), die Allgemeinen Leistungsbedin-
> gungen der Deutschen Bahn AG (ALB – DB Cargo) und die Allgemeinen
> Geschäftsbedingungen der Bundesfachgruppe Schwertransporte und Kran-
> arbeiten (AGB/BSK).

Neben den vertraglichen Verpflichtungen des Frachtführers und neben den den **191**
Absender beeinflussenden Normen, gelten für den Transporteur die – in der
Praxis besonders wichtigen – Vorschriften des **Gefahrgutbeförderungsgesetzes**
(⊙ → GGBfG) und insbesondere der Gefahrgutverordnungen für Straße,
Bahn, See-, und Binnenschiffe (⊙ → GGVSEB, ⊙ → GGVA, ⊙ → GGV-
See). Diese Normen dienen der öffentlich-rechtlichen Gefahrenabwehr und
-Vorbeugung für Menschen, Tieren, Umwelt, sowie des Eigentums anderer
beim Transport von Gefahrgütern auf Straßen und Schienenwegen. Sie bestim-
men insbesondere die zulässige Art und Weise des Transportes gefährlicher
Güter, deren Verpackung und Bezeichnung. Sie enthalten aber auch Normen
zur Konstruktion und Auswahl der Beförderungsmittel.

I.   Die Pflichten des Frachtführers

192   Der Absender bestimmt den **Zielort** (§ 407 HGB). Er kann, solange die Ware noch unterwegs ist,

- die Beförderung der Ware stoppen,
- einen anderen Bestimmungsort der Ware wählen,
- und/oder diese sich zurückbringen lassen (§ 418 Abs. 1 Satz 2 ff. HGB).

193   Das Recht des Absenders, über den Gegenstand zu verfügen wechselt auf den Empfänger, sobald die Ware bei der Ablieferungsstelle angekommen ist (§ 418 Abs. 2 HGB).

194   Der Empfänger kann dann vom Frachtführer verlangen, dass ihm das Gut ausgeliefert wird. Er kann auch die vertraglichen Ansprüche des Absenders geltend machen, die dieser gegen den Frachtführer bei Beschädigung der Ware deren Verlust oder Verspätung gegen den Frachtführer hat.

Obschon der Empfänger nicht Vertragspartei ist, gewährt ihm der Frachtvertrag eigene Rechte gegenüber dem Frachtführer. Diese Rechte kann der Empfänger selbst geltend machen!
Der Empfänger muss dann aber die eigentlich dem Absender obliegenden Verpflichtungen aus dem Frachtvertrag (insbes.: Zahlung des Beförderungspreises) erfüllen (§ 421 i. V. m. § 420 HGB).

II.   Haftungsfragen beim Frachtführervertrag

195   Der Frachtvertrag ist ein Vertrag, der nicht nur den vertragsschließenden Parteien (Absender und Frachtführer), sondern auch dem **Empfänger** der Ware Rechte verleiht. Folgende Rechtsbeziehungen bestehen im Frachtgeschäft:

Abb. 11   Rechtsverhältnisse bei der Beförderung von Fracht

Absender und Frachtführer können die Beförderungszeit des Gutes (sog. Lie-   **196**
ferfrist) absprechen. Ist eine feste Lieferfrist **nicht** vereinbart, hat der Frachtführer das Gut in jener Frist abzuliefern, die einem sorgfältigen Frachtführer vernünftigerweise zuzubilligen ist (§ 423 HGB).

Beispiel (Wäscherei & Co):   **197**
Frau Mareike Gartmann hat für ihre am 1.12.2002 zu eröffnende Wäscherei
von dem Rechtsanwalt Joachim Joka aus Haltern am 10.10.2002 einen gebrauchten vollautomatischen Waschautomat gekauft und mit Herrn Joka ab-
gesprochen, dieser solle ihr die Waschmaschine direkt in ihren Waschsalon
nach Münster bringen. Herr Joka wendet sich an die „Spedition Theo Breilmann e. K.". Mitarbeiter der Spedition holen die Waschmaschine am
14.10.2002 aus der Privatwohnung von Herrn Joka und verladen sie auf
einen Firmentransporter. Als die Waschmaschine am 21.11.2002 immer
noch nicht bei Frau Gartmann eingetroffen ist, verlangt diese kurz entschlos-
sen Schadenersatz von Theo Breilmann. Theo Breilmann wendet ein, die
Maschine sei weder kaputt, beschädigt, zerstört noch verloren. Vielleicht sei
sie bei einem Umzug versehentlich mit ausgeliefert worden. Dies käme bei
dem Bildungsstand des heutigen Personals schon gelegentlich vor. Sie sei
vielmehr nur im Moment nicht auffindbar. Dafür könne er aber nichts. Frau
Gartmann solle sich vielmehr an den Verkäufer Herrn Joka wenden, schließlich habe dieser, und nicht er, mit ihr einen Vertrag geschlossen. Herr Joka
wiederum habe – was tatsächlich auch zutrifft – sich auch noch nicht bei ihm
beschwert.

Lösung:

Herr Breilmann irrt sich hier. Er ist tatsächlich nach § 425 HGB verpflichtet, Frau Gartmann Schadenersatz zu zahlen. Nach § 421 HGB ist er nämlich auch dem Empfänger gegenüber verpflichtet (siehe Rn. 192 ff.). Die Regelungen über das Frachtgeschäft sind auch auf ihn anwendbar. Zwar bezeichnet er sich selber als „Spediteur", tatsächlich aber befördert er gewerbsmäßig Güter, um sie beim Empfänger (hier: Frau Gartmann) abzuliefern. Damit ist er Frachtführer i. S. d. §§ 407 ff. HGB. Die gebräuchliche Bezeichnung eines Frachtführers als Spediteur ist falsch. Das zu befördernde und abzuliefernde Gut ist auch verloren i. S. d. § 425 HGB. Vorstellbar ist zwar, dass die Maschinen irrtümlich an einen anderen Empfänger gegangen ist und sich noch wiederfinden wird. § 424 Abs. 1 HGB enthält aber für diesen Fall eine *Verlust-Vermutung*. Danach gilt der Gegenstand als verloren, wenn er nicht innerhalb der Lieferfrist, sowie einer weiteren mindestens 20-tägigen Frist (bei Auslandslieferungen 30-tägigen) abgeliefert wird. Eine Lieferfrist haben die Parteien des Frachtvertrages Herr Joka und Herr Breilmann nicht vereinbart. Sie ergibt sich aber aus § 423 HGB. Dies ist die Frist, die einem sorgfältigen Frachtführer *„vernünftigerweise zuzubilligen ist"*. Da Haltern nur ca. 45 km von Münster entfernt ist, ergibt sich eine Lieferfrist von max. drei Tagen. Es gilt also folgende Rechnung: 3 Tage + [3 Tage] mindestens aber 20 Tage = 23 Tage. Diese Frist war am Donnerstag, den 7.11.2002 abgelaufen. Das Beförderungsgut gilt daher ab diesem Tage als verloren. Dass Herr Breilmann hierfür persönlich nichts kann spielt keine Rolle, denn den Frachtführer trifft eine generelle Obhutspflicht für die ihm übergebenen Sachen. Er haftet dann auch ohne den Nachweis seines Verschuldens für deren Verlust oder Beschädigung der Fracht. Nur wenn der Verlust oder die Beschädigung selbst bei größter Sorgfalt nicht hätte vermieden werden können, ist der Frachtführer von der Haftung befreit. Dazu trägt aber Herr Breilmann nicht bei. Vielmehr hat Herr Breilmann für eine mögliche Schlamperei seiner Angestellten nach § 428 HGB einzustehen.

198 Die Berechnung der Lieferfrist nach § 423 HGB ist vielfach etwas kompliziert. Zu beachten ist jedenfalls Folgendes:

Der Abschluss eines Frachtvertrages begründet für den Frachtführer eine besonders strenge Obhutspflicht für die von ihm übernommenen und zu transportierenden Güter.
Die Verletzung dieser Obhutspflicht setzt selbst den „schuldlosen" Frachtführer Schadenersatzansprüchen aus. Nur in dem Fall, in dem eine Beschädigung des Gutes oder dessen Verlust auch bei größter Sorgfalt entstanden wäre, ist der Frachtführer von seiner Pflicht zum Schadenersatz befreit.

Tatsächlich schränkt das HGB dann doch wieder die strenge Haftung des Frachtführers ein: § 438 HGB enthält die diesmal zu Gunsten des Frachtführers wirkende **Vermutung**, nach der das Gut ordnungsgemäß abgeliefert worden ist, wenn der Empfänger oder auch der Absender den Verlust oder eine erkennbare Beschädigung des Gegenstandes nicht spätestens bei der Ablieferung anzeigen. Der Inhalt dieser Vorschrift ähnelt dem des bereits kennengelernten § 377 Abs. 2 HGB (siehe Rn. 140 f.). Sie sehen der Gesetzgeber arbeitet auch im Recht der Frachtbeförderung verstärkt mit Vermutungen und Fiktionen. Hierdurch will er die Abwicklung der Beförderung von Waren durch gewerbsmäßige Frachtführer sowohl in deren Interesse als auch im Interesse eines reibungslos funktionierenden Rechts- und Wirtschaftsverkehrs beschleunigen (dazu siehe Rn. 1 ff., 137 ff.). **199**
§ 448 HGB enthält noch eine weitere Vereinfachung des Rechts- und Wirtschaftsverkehrs. Der Frachtführer kann seine Verpflichtung, ein Gut abzuliefern in einem Schriftstück festhalten (sog. *Ladeschein*). Die einvernehmliche Übergabe des Ladescheins an den Empfänger wirkt dann wie die Übergabe des Gutes selber. Der Empfänger kann so bereits durch die Übergabe des Ladescheins das Eigentum an den zu befördernden Sachen erwerben.

Dem Frachtführer steht sobald er das Gut abgeliefert hat, die vereinbarte Vergütung und der Ersatz all seiner Aufwendungen zu, die er zur Beförderung des Gutes für erforderlich halten durfte (§ 421 Abs. 1 HGB). Zur Sicherung seiner Bezahlung und aller gegen den Absender bestehenden Forderungen gewährt ihm das Gesetz (§ 441 HGB) automatisch ein Pfandrecht an den von ihm übernommenen Gegenstand. **200**

III. Die Beförderung von Umzugsgut

201 Besonderheiten bestehen für die Beförderung von Gütern anlässlich eines Umzuges. Das Gesetz sieht den Grund für derartige – zu den allgemeinen Frachtvertragsvorschriften tretenden – **Sondervorschriften** darin, dass der Absender von Umzugsgut in der Regel schutzwürdiger sei als der von sonstigen Gütern. Der Begriff des „*Umzuges*" ist weit zu fassen. Ein Wohnungswechsel ist nicht erforderlich. Erbstücke oder privates Heiratsgut fallen ebenso wie Bürogegenstände, oder geschäftliche Einrichtungen unter den Begriff des Umzugsgutes. Entscheidend ist ob ein Gegenstand denselben Zweck für den Absender an einem anderen Ort erfüllen soll.

202 **Abwandlung**
Würde im Ausgangsfall Frau Gartmann ihre eigene Waschmaschine in die neuen Geschäftsräume ihrer Wäscherei überführen lassen, läge auch hierin ein Umzugsvertrag i. S. d. §§ 451 ff. HGB.

203 Im Unterschied zum **Frachtvertrag** hat der Frachtführer beim sog. **Umzugsvertrag** unter anderem auch die Pflicht, das Umzugsgut ab- und wieder aufzubauen. §§ 415c–451h HGB enthalten Vorschriften welche den Umfang und den möglichen Ausschluss der Haftung des Frachtführers an die Situation des Transportes, Ver- und Entladens sowie des Ab- und Einbaues von Umzugsgut anpassen.

 Auch als umziehender Privatkunde lohnt sich der Blick in die Sondervorschrift des § 451d HGB. In Abänderung des § 427 HGB sind dort viele Situationen aufgeführt, in denen die Haftung des Frachtführers beim Umzug komplett ausgeschlossen ist.

9. Kapitel   **Das Speditionsgeschäft**

Der allgemeine Sprachgebrauch verwechselt die Begriffe „Spediteur" und **204** „Frachtführer": Das Handelsrecht bezeichnet den Beförderer von Gütern als „**Frachtführer**". Der **Spediteur** ist demgegenüber derjenige, der gegen Vergütung die „*Versendung des Gutes besorgt*". D. h. er ist im Idealfall der Fachmann, der den komplexen Frachtmarkt durchschaut und für den Absender den schnellsten und kostengünstigsten Transportweg, das zweckmäßigste Transportmittel und den geeignetsten Frachtführer vermittelt (§ 454 HGB). Zur Erfüllung dieser Aufgabe zählen ebenfalls die Auswahl der kompetenten Unternehmer, das Aushandeln und der Abschluss von Fracht-, Lager- und ggf. weiterer Speditionsverträge. Der Spediteur kümmert sich um eine erforderliche Verpackung und Kennzeichnung des Gutes (§ 545 Abs. 2 HGB). Ferner schließt er notwendig werdende Versicherungsverträge ab (§ 454 Abs. 2 HGB). Der Spediteur besorgt daher gewerbsmäßig die Geschäfte eines anderen, nämlich die des Absenders. Führt der Spediteur dennoch selbst den Transport durch, was ihm erlaubt ist (§ 458 HGB), so gelten für diese Tätigkeit die Vorschriften über den Frachtführer (§ 458 Satz 2 und 3 HGB).

Auch für den Speditionsvertrag gelten Sonderregelungen in den Allgemeinen Geschäftsbedingungen. Die wichtigsten sind z. B.: das Übereinkommen über den Beförderungsvertrag im internationalen Straßengüterverkehr (CMR) sowie die Allgemeinen Deutschen Spediteur-Bedingungen (ADSp).

Wie beim Frachtvertrag trifft nach § 461 HGB auch den Spediteur eine verschul- **205** densunabhängige Haftung für eine Beschädigung und den Verlust des Gutes.

10. Kapitel **Das Lagergeschäft**

206 Der Lagerhalter ist nicht nur verpflichtet, die ihm anvertrauten Güter in seinen Räumen **unterzustellen** (§ 467 HGB). Zur Erfüllung dieser Pflicht genügt bereits der Abschluss eines Mietvertrages. Kennzeichnend für den Lagervertrag sind die den Lagerhalter – zur Unterstellung des Gutes – **hinzutretenden Pflichten**: Das Gesetz unterscheidet dabei zwischen der
1. sog. *Einzellagerung* (getrennte Aufbewahrung der einzelnen Güter) und der
2. *Sammellagerung* (§ 469 HGB: Aufbewahrung bei Vermischung mit anderen Gütern. Es entsteht Miteigentum der Eigentümer der vermischten Güter. Der Lagerhalter muss daher bei der Rückgabe nur Sachen gleicher Art und Güte aushändigen.)

207 Folgende Tabelle gibt die wichtigsten Pflichten des Lagerhalters wieder:

Norm des HGB	Fall	Pflicht
§ 470	Einlagerung erkennbar mangelhafter und beschädigter Güter	Sicherung von Schadenersatzansprüchen des Einlagerers
		Unverzügliche Benachrichtigung des Einlagerers
§ 471 Abs. 1	Einzellagerung	Gestattung aller das Gut erhaltenden Maßnahmen durch den Einlagerer
	Sammellagerung	Vornahme aller das Gut erhaltenden Maßnahmen durch den Lagerhalter
§ 471 Abs. 2	Verschlechterung des Zustandes der eingelagerten Sache	unverzügliche Mitteilung an Einlagerer. Einholen dessen Weisungen
	Zur Feststellung der Verschlechterung des eingelagerten Gutes	Überwachung des Gutes
§ 471 Abs. 2 Satz 2, 3	Erhalt von Weisungen nicht möglich	Vornahme der geeigneten Maßnahmen durch Lagerhalter; auch Verkauf der Sache nach § 373 Abs. 3 HGB (Selbsthilfeverkauf)
§ 472	auf Verlangen des Einlagerers	Versicherung des Gutes gegen Schäden
	Einlagerer ist Verbraucher	Hinweis des Einlagerers auf Möglichkeit der Versicherung

Abb.12: Die wesentlichen Nebenpflichten des Lagerhalters

Neben den gesetzlichen Regelungen kommen insbesondere die der Lagerordnung, der Allgemeinen Deutschen Spediteur-Bedingungen (ADSp), sowie die der Allgemeinen Lagerbedingungen des deutschen Möbeltransports (ABL) ergänzend zur Anwendung.

Für die Erfüllung seiner Pflichten hat der Lagerhalter mit der **Sorgfalt** eines **208** ordentlichen Kaufmanns einzustehen. Sowohl die dem Lagerhalter vorwerfbare Verletzung der unter Zeile 1 bis 9 aufgeführten Nebenpflichten als auch die schuldhafte Beschädigung oder Zerstörung des Gutes in seinem Lager begründen einen Schadenersatzanspruch gegen ihn (für die Verletzung der Nebenpflichten §§ 241, 280 BGB; für die Beschädigung bzw. Zerstörung § 475 HGB).

Der Lagerhalter hat gegen den Einlagerer insbesondere einen **Vergütungsan- 209 spruch** (§ 467 Abs. 2 HGB). Zur Sicherung sämtlicher aus dem Lagervertrag, sowie aller sonstigen unbestrittenen Forderungen gegen den Einlagerer, besitzt der Lagerhalter ein Pfandrecht an dem eingelagerten Gut (§ 475b HGB).

Wurde über die Verpflichtung der Auslieferung des Gutes ein Dokument **210** (= sog. *Lagerschein;* § 475c HGB) erstellt, in dem der Berechtigte namentlich erwähnt ist (sog. *Orderlagerschein*), so hat wie schon bei dem Ladeschein kennengelernt, die einverständliche Aushändigung dieser Urkunde an den Berechtigten dieselbe Funktion wie die Übergabe des Gutes selbst. Diesen Übergabeeffekt haben auch: beim Lagergeschäft der an einen Berechtigten ausgestellten so genannte *Orderlagerschein* (§ 475g HGB) und der seerechtliche Ladeschein (See-Konnossement §§ 642 ff., 650 HGB).

11. Kapitel   Das Kommissionsgeschäft

211 Der Kommissionär ist jemand, der es im Rahmen seiner Geschäftstätigkeit, auf Grund eines zwischen ihm und dem Kommissionär geschlossenen Geschäfts-besorgungsvertrags (§ 675 BGB) übernimmt, Waren eines anderen (des sog. *Kommittenten*) für diesen – im eigenen Namen jedoch für Rechnung des Kom-mittenten – zu kaufen bzw. zu verkauften (§ 383 Abs. 1 HGB). Folgende Rechts-beziehungen liegen beim Kommissionsgeschäft vor:

Abb. 13:   Rechtsverhältnisse beim Kommissionsgeschäft

212 Der Kommissionär schließt mit dem Kommittenten ein sogenanntes **Ausfüh-rungsgeschäft**. Dies ist in der Regel ein Verkaufsvertrag über die in Kommis-sion genommene Ware. Der Kommissionär kann aber auch Waren für den Kommittenten ankaufen (§ 383 Abs. 1 HGB). Den Kommissionär treffen erheb-liche **Pflichten**: Insbesondere hat er den Weisungen des Kommittenten Folge zu leisten. Er hat dessen Interessen zu wahren und für ihn die vorteilhaftesten Geschäfte zu schließen (§ 384 Abs. 1 HGB). Gibt er dem Kommittenten nicht gleichzeitig mit der Anzeige der Ausführung des Geschäftes die Person be-kannt mit der er das Geschäft abgeschlossen hat (z. B.: Käufer), so muss der Kommissionär sogar für die Erfüllung dessen Verpflichtungen (hier: Zahlung des Kaufpreises) selber einstehen (§ 384 Abs. 3 HGB). Der Kommissionär ist für das von ihm übernommenen Kommissionsgut verantwortlich (§§ 388, 390 HGB). Ihn treffen – falls er Waren am Markt für den Kommittenten erwerben soll (Einkaufskommission) – die Untersuchungs- und Rügepflicht der §§ 377 bis 379 HGB (dazu siehe Rn. 137 ff.), sowie die Aufbewahrungspflicht für das Kommissionsgut (§ 391 HGB).

Der Auftraggeber oder Kommittent hat dem Kommissionär eine Provision (§ 396 Abs. 1 HGB) und all jene Aufwendungen zu zahlen, die zur Ausführung des Geschäftes erforderlich waren (§§ 675, 670 BGB i. V. m. § 396 Abs. 2 HGB). Zur Sicherung seiner Ansprüche steht dem Kommissionär ein Pfandrecht an dem Kommissionsgut zu (§ 397 HGB). Dieser Kaufvertrag verpflichtet den Kommissionär, das Eigentum an der Ware zu übertragen. Gegen den Dritten (bzw. den Kommittenten im Fall der Einkaufskommission) hat der Kommissionär den Anspruch auf Zahlung des Kaufpreises.

I.   Die Zahlungsströme im Kommissionsgeschäft

Der Dritte braucht auch nur an seinen **Vertragspartner** zu zahlen. Dies ist der   **213** Kommissionär. Der Kommittent erlangt aus dem Kommissionsgeschäft gegen den Dritten keine Rechte. Der Kommissionär muss aber auf Grund des zwischen ihm und dem Kommittenten geschlossenen Kommissionsvertrages dem Kommittenten entweder die Forderung abtreten, die er gegen den Dritten erlangt hat, oder er muss ihm das vom Dritten eingezogene Geld (den Kaufpreis) ausbezahlen.

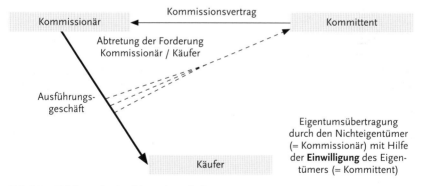

Abb. 14:   Erfüllung des Ausführungsgeschäftes

Das Kommissionsverhältnis ist somit ein wirtschaftliches und juristisches   **214** „Mehr" als die bloße Vertretung des Eigentümers: Bei der Vertretung des Eigentümers (siehe Rn. 96 ff.), kommt der Kaufvertrag eben nicht mit dem Vertreter, sondern mit dem Vertretenen zustande. d. h. dieser erwirbt unmittelbar den Kaufpreisanspruch.

Der Kommittent läuft beim Kommissionsgeschäft ein großes finanzielles Risiko: Er hat dem Kommissionär im Voraus seine Einwilligung zur Übertragung seines Eigentums erteilt. Durch die Übereignung der Ware verliert er nun sein Eigentum; nicht er, sondern der Kommissionär erhält den Anspruch gegen den Dritten auf Zahlung des Kaufpreises.

215

Beispiel (Kaputte Computer-Kommission):
Der Großhändler für Computer und EDV-Zubehör, Herr Frank Gehring, nimmt von Frau Carolin Breloer ihre drei gebrauchten „Notebooks" in Verkaufskommission. Tatsächlich gelingt es ihm die Notebooks zu einem Gesamtpreis von 5.679,– € an Andrus Lillo zu verkaufen. Das war aber auch schon alles was ihm geschäftlich in diesem Monat gelang, denn kurz nach dem Verkauf muss er den Insolvenzantrag stellen. Herr Gehring hat weder Frau Breloer das Geld ausgehändigt, noch ihr den Kaufpreisanspruch abgetreten. Frau Breloer fürchtet nun um „ihre" 5.679,– €.

Lösung:
Diese Befürchtung nimmt ihr das Gesetz ab. Es behilft sich dazu mit einem kleinen Trick, nämlich wieder mit einer Fiktion: Nach § 392 Abs. 2 HGB „gelten" nämlich „für die Schuldner des Kommissionärs" alle solche Ansprüche als Forderungen des Kommittenten. Die Kaufpreiszahlung des Herrn Gehring gegen Herrn Lillo „gilt" daher, schon vor ihrer Abtretung, als Forderung von Frau Breloer. Die Forderung ist daher einem laufenden Insolvenzverfahren gegen Herrn Gehring und dem Zugriff seiner Gläubiger entzogen.

II. Die Übertragung von Eigentum durch den Kommissionär

216   Die Erfüllung der Eigentumsübertragung durch den Kommissionär ist juristisch gesehen nicht so ganz einfach. Denn der Kommissionär wird beim Kommissionsgeschäft nicht Eigentümer der Sache. Eigentümer bleibt vielmehr der **Kommittent**. Der Kommissionär – als Nichteigentümer – kann daher grundsätzlich nur dann das Eigentum am Kommissionsgut auf einen Dritten übertragen, wenn der Kommittent ihm hierzu eine Einwilligung erteilt (§ 185 Abs. 1 BGB). Hierin liegt der wirtschaftliche Unterschied zum sog. **Eigengeschäft**: Beim Eigengeschäft erwirbt der Verkäufer von einem anderen Verkäufer das Eigentum und veräußert dieses dann als berechtigter Eigentümer an einen anderen Käufer weiter.

Kommissionsgeschäfte empfehlen sich wirtschaftlich insbesondere dann, wenn
1. der Eigentümer (noch) keinen Käufer für seine Ware findet,
2. er den rechtlichen Bezug zur Ware (d. h. sein Eigentumsrecht an der Ware) noch aufrechterhalten will oder
3. dem Kommissionär die Veräußerung seines Eigentums überlassen wird.

III. Die Grundaussagen des 6.–11. Kapitels

Das HGB kennt detaillierte Regelungen des Handelsgeschäftes (zu der Unter-   **217** scheidung „einseitiges" und „beidseitiges" Handelsgeschäft s. Rn. 25). § 343 HGB definiert das Handelsgeschäft als alle Geschäfte des Kaufmanns, die zum Betrieb seines Handelsgewerbes gehören. Auch Nicht-Kaufleute können – mit Ausnahme der in den §§ 348–350 HGB geregelten Fälle – den Regelungen über das Handelsgeschäft unterliegen; dies allerdings aufgrund von Sondervorschriften: (§ 383 Abs.2 Satz 2 HGB [Kommissionär], 407 Abs.3 Satz 2 HGB [Frachtführer], § 453 Abs.3 Satz 2 HGB [Spediteur], § 467 Abs.2 Satz 2 HGB [Lagerhalter]).

Als in der Praxis bedeutendste Regelung eines Handelsgeschäftes gelten die   **218** Vorschriften über den Handelskauf. Dessen Normen (§§ 373 ff. HGB) verschärfen die allgemeinen Kaufvorschriften des BGB und legen damit dem Kaufmann erhebliche Pflichten auf.

Einen zusätzlichen Pflichtenkatalog hat der Kaufmann im Rahmen des beidsei-   **219** tigen Handelskaufes hinsichtlich der Geltendmachung der Mängelgewährleistung bei der Lieferung fehlerhafter Ware: Nach § 377 Abs. 2 HGB ist die Geltendmachung von Mängelgewährleistungrechten dann ausgeschlossen, wenn der Käufer die Ware nicht unverzüglich (zur Definition siehe: § 121 Abs.1 BGB) untersucht bzw. rügt. Unterlässt er dies, „gilt die fehlerhafte Ware als von ihm genehmigt" (Fiktion). Die Feststellung der Unverzüglichkeit – also des unverschuldeten Zögerns – bestimmt sich nach den Umständen des Einzelfalles; insbesondere nach der Tunlichkeit der Untersuchung bzw. Anzeige in einem ordnungsgemäßen Geschäftsgang (§ 377 Abs. 1 HGB). Die Entscheidungspraxis der Rechtsprechung und auch zahlreiche nationale und internationale Handelsbräuche haben diesen unbestimmten Rechtsbegriff näher bestimmt und damit einen umfassenden Pflichtenkatalog für den Käufer etabliert.

220   Neben einem – gegenüber dem Zurückbehaltungsrecht des BGB – ohnehin erweiterten Zurückbehaltungsrechts (§ 369 HGB), steht Kaufleuten aus einem beiderseitigen Handelsgeschäft auch ein Befriedigungsrecht aus der zurückbehaltenen Sache zu (§ 371 HGB).

Spezielle Handelsgeschäfte wie das Kommissionsgeschäft, Fracht-, Speditions-, und Lagergeschäft werden durch zahlreiche Spezialnormen des HGB (Kommission [§§ 383 ff. HBG], Fracht- [§§ 407 ff. HGB], Speditions- [§§ 453 ff. HGB] und Lagergeschäft [§ 467 ff. HGB]) geregelt. Diese Normen legen den Vertragparteien zusätzliche Pflichten bei der Durchführung der Verträge auf und beeinflussen somit die Haftung der Vertragsparteien. Speziell im See-Transportrecht vervollständigen die Vorschriften der §§ 476 ff. HGB den Pflichtenkatalog.

In der Praxis ergänzen zahlreiche nationale wie internationale Regelungen die Vorschriften des HGB. Die wichtigsten sind: Personenbeförderungs-Gesetz, die Eisenbahnverordnung, das Luft-Verkehrs-Gesetz, das Gesetz zu Harmonisierung des Haftungsrechts im Luftverkehr, für den internationalen Transport auf der Straße das Übereinkommen über den Beförderungsvertrag im internationalen Straßengüterverkehr (CMR) und für den Seetransport §§ 556 ff. HGB (Güterseetransport) und §§ 664 ff. HGB (Personenseetransport), die Allgemeinen Deutschen Spediteur-Bedingungen (ADSp), die Vertragsbedingungen für den Güterkraftverkehr- und Logistikunternehmer (VBGl), die Allgemeinen Leistungsbedingungen der Deutschen Bahn AG (ALB – DB Cargo) und die Allgemeinen Geschäftsbedingungen der Bundesfachgruppe Schwertransporte und Kranarbeiten (AGB/BSK), aber auch das Gefahrgutbeförderungsgesetz und insbesondere die Gefahrgutverordnungen für Straße, Bahn, See-, und Binnenschiffe (GGVSE, GGVSee, GGVBinSch, GGVA).

→   Anregungen zum Weiterdenken V

12. Kapitel Der Eigentumserwerb von einem Nichtberechtigten

Aus dem Umstand, dass insbesondere der Kommissionär fremdes Eigentum **221** an einen Dritten übertragen kann, resultiert eine **Vielzahl** rechtlicher Problemlagen. Diese Probleme sind nicht für die Tätigkeit eines Kommissionärs typisch, sie stellen sich allgemein bei allen Geschäften, in denen die Parteien das Eigentum übertragen wollen. So kommt es auch vor, dass ein Zwischenhändler unwissentlich von einem vertrauenswürdigen Kollegen Waren, die diesem gar nicht gehörten, erwirbt und an seine Kunden weiterveräußert. Das nachfolgende Kapitel erläutert die in der handelsrechtlichen Praxis so bedeutende rechtliche Möglichkeit, das Eigentum von einem Nichteigentümer erwerben zu können. Grundsätzlich sind folgende drei Fallgruppen zu unterscheiden:

- Eigentumserwerb vom Nichteigentümer mit der Zustimmung des Eigen- **222** tümers
- gutgläubiger Eigentumserwerb vom Nichteigentümer
- der Eigentumserwerb durch den guten Glauben an die Verfügungsberechtigung des Nichteigentümers Abb. 1: Zeile Nr. 30).

I. Der Eigentumserwerb vom Nichteigentümer mit der Zustimmung des Eigentümers

Wie bereits im Rahmen des Kommissionsgeschäfts erläutert, ist der Eigentum- **223** serwerb von einem Nichteigentümer dann möglich, wenn der tatsächliche Eigentümer entweder vorher sein **Einverständnis** oder nach der vollzogenen Veräußerung seine Genehmigung erteilt hat (§ 185 BGB) (BGHZ 56, 123). Dies ist die Situation einer Verkaufs-Kommission (s. Rn. 216).

II.   Der gutgläubige Eigentumserwerb vom Nichteigentümer

224 Das Recht – speziell das Handelsrecht – lässt in zweifacher Weise den Eigentumserwerb von einem Nichteigentümer selbst dann zu, wenn der Eigentümer der Veräußerung seines Eigentums **nicht** zustimmt. Dies ist der Fall, wenn der Erwerber berechtigterweise auf die Eigentümerstellung des Veräußerers (*„gutgläubiger Erwerb vom Nichtberechtigten"*) oder auf dessen **Verfügungsbefugnis** vertraut.

225 **1. Das Vertrauen des Erwerbers an die Eigentümereigenschaft des Veräußerers.**

226 **Ausgangsfall („Folgen einer Reparatur"):**
Ulf Ranke betreibt einen PC-Shop, in dem er in großem Umfang Computer und EDV-Zubehör vertreibt sowie Geräte zur Reparatur annimmt. Am Freitag, den 11.10.2002 bringt Brigitte Schulz um 10.00 Uhr ihren PC mit einem technischen Defekt zur Reparatur. Herr Ranke nimmt das Gerät zur Reparatur an, lässt es aber über das Wochenende im Verkaufsraum stehen. Als er am Montag seinen Laden betritt, ist er versehentlich der Ansicht, der PC von Frau Schulz sei Teil einer am Freitag, dem 11.10.2002, gegen 12.30 angekommenen Lieferung von Computern, und alle sich im Verkaufsraum befindenden Geräte gehörten ihm. Noch am Montag, den 14.11.2002, veräußert er den PC von Frau Schulz an den ahnungslosen Siegfried Knoche.

Lösung:
Frau Schulz hat das Gerät nur zur Reparatur gebracht und nicht etwa Herrn Ranke das Eigentum daran übertragen. Frau Schulz würde auch niemals einer Eigentumsübertragung zustimmen (s. Rn. 223), denn sie benötigt das Gerät für ihre eigenen Zwecke und hat es entsprechend softwaretechnisch für sich eingerichtet. Herr Ranke ist also Nichteigentümer und als solcher zur Veräußerung des PCs nicht berechtigt. Hier stellt sich die Frage, ob Herr Knoche das Eigentum am PC von Frau Schulz erwerben konnte.

Tatsächlich lässt das Gesetz unter engen Voraussetzungen (hier §§ 932 ff. i. V. m. §§ 929 BGB) einen Eigentumserwerb vom Nichtberechtigten zu. Der Eigentümer kann daher – ohne sein Wissen und Zutun – sein Eigentum an einen Dritten (Erwerber) verlieren.

2. Voraussetzungen des Erwerbs vom Nichtberechtigten. Um den Verlust des **227** Eigentums des vormaligen Eigentümers einzugrenzen, müssen die Voraussetzungen des § 932 BGB erfüllt sein:

- Das Eigentum muss durch ein **Rechtsgeschäft** erworben werden. Es gibt grundsätzlich keinen Erwerb vom Nichteigentümer bei Eigentumserwerb durch Erbschaft (§ 1922 ff. BGB), Ersetzung des zum Schätzwert übernommenen Inventars durch den Pächter (§ 582a Abs. 2 Satz 2 BGB) oder „Anwachsung" des Vermögens eines ausscheidenden Gesellschafters (BayObLG 91, 301) (Sonderregelungen bestehen bei der Eigentumszuweisung in der Zwangsvollstreckung).
- Der Erwerbende muss „**gutgläubig**" sein. D. h., er muss auf die Eigentümerstellung des Veräußerers vertrauen und auch vertrauen dürfen. Mit anderen Worten: Der Erwerber darf keine Kenntnis der wahren Umstände hinsichtlich der Eigenschaft des Veräußerers als Nichteigentümer haben und darf es auch nicht „grob fahrlässig" unterlassen haben, sich diese Kenntnis zu besorgen.

Trotz bestehender „Gutgläubigkeit" des Erwerbers darf – nach § 935 BGB – die **228** erwerbende Sache nicht ihrem ursprünglichen Eigentümer gestohlen worden oder sonst **abhanden gekommen** sein. Ein Abhandenkommen liegt immer dann vor, wenn der Eigentümer seinen unmittelbaren Besitz an der Sache **ohne** seinen Willen verloren hat (RG 101, 224).

Lösung (Fortsetzung): **229**
Herr Knoche war hinsichtlich der tatsächlichen Eigentumslage völlig ahnungslos. Er ging davon aus, dass der Inhaber des PC-Shops, Herr Ranke, auch der Eigentümer der von ihm verkauften Geräte war. Darauf durfte er auch vertrauen, denn es liegen keine ernsthaften, für ihn überhaupt erkennbaren Anhaltspunkte vor, dass dem nicht so sei.
Der PC ist Frau Schulz auch nicht gestohlen oder sonst abhanden gekommen. Sie gibt vielmehr ihren PC freiwillig aus der Hand, als sie ihn zur Reparatur abgibt. Herr Knoche hat daher tatsächlich das Eigentum am PC vom Nichteigentümer Ulf Ranke erworben. Frau Schulz hat ihr Eigentum damit vollständig und endgültig verloren. Sie hat lediglich Schadenersatzansprüche gegen Herrn Ranke.

Sobald Sie Ihr Eigentum freiwillig aus der Hand geben, besteht immer die Gefahr, dass ein gutgläubiger Dritter sie erwirbt. Sie haben dann das Eigentum verloren und sind auf Schadenersatz- bzw. Bereicherungsansprüche gegen den Veräußerer angewiesen.

230 Bezüglich des Eigentumsverlustes spielt es auch keine Rolle, ob der Veräußerer absichtlich eine fremde Sache als die seine veräußert, oder ob er sich – wie im Ausgangsfall – selbst nur geirrt hat. Es kommt beim gutgläubigen Erwerb vom Nichtberechtigten lediglich auf den „guten Glauben" des **Erwerbers** an.

Kennzeichnen Sie deutlich sichtbar Ihre Sachen mit Ihrem Namen, Ihrer Firma, Marke oder sonst einem Zeichen, das auf Ihre Eigentümerstellung deutlich hinweist. Dies zerstört den guten Glauben des Erwerbers, selbst wenn er Ihr Zeichen nicht sieht, es jedoch deutlich angebracht ist. Denn in diesem Fall hätte er ohne Weiteres Kenntnis von den tatsächlichen Eigentumsverhältnissen, eventuell auch durch weiteres Nachfragen, Kenntnis erhalten können. Tut er das nicht, handelt er grob fahrlässig und damit „bösgläubig" i. S. d. § 932 Abs. 2 BGB. Er kann dann das Eigentum nicht erwerben.

231 **3. Der ökonomische Grund der eingeschränkten Zulassung des gutgläubigen Eigentumserwerbes vom Nichtberechtigten.** Die nur eingeschränkt bedingte Zulassung des Eigentumserwerbes vom Nichtberechtigten hat wiederum **ökonomische Gründe**: Zum einen erspart sie dem Erwerber gesamtwirtschaftlich missliebige Informations- und Ermittlungskosten. Der Erwerber braucht bei der Zulässigkeit des Eigentumserwerbes vom Nichtberechtigten nicht kostenaufwendig und langwierig vor jedem Geschäftsabschluss zu ermitteln, wer tatsächlicher Eigentümer ist. Speziell diese Ermittlungen sind im Einzelfall für den Erwerber sehr kostenaufwendig. Auch gesamtwirtschaftlich sind sie wenig sinnvoll, denn die kostspielig ermittelte Information trägt zur Qualitätssteigerung der Ware nicht bei. Dieser Kostenaufwand entzieht dem Erwerber sogar finanzielle Mittel, die er wirtschaftlich effektiver einsetzen könnte. Ließe man außerdem den Eigentumserwerb vom Nichtberechtigten großzügig zu, wäre jeder Eigentümer gehalten in den Schutz vor einen solchen Eigentumsverlust zu investieren. Auch würde ein Eigentümer ihm gehörende Gegenstände nie aus der Hand geben. Die wirtschaftliche Nutzung von Gegenständen durch Miete oder Pacht wäre somit ausgeschlossen. Die Gegenstände würden ungenutzt verrotten.

Schutz des guten Glaubens an die Eigentümerstellung und Verfügungsberechtigung

Land	Deutschland	Griechenland	Litauen	Österreich	Schweiz	Polen	Estland	Niederlande	Schweden Norwegen	Ungarn	Frankreich	Spanien	Italien	Großbritannien
	§§ 932 Abs. 1 BGB; 366 HGB	Art. 1037 ZGB	Art. 143 ZGB	§ 367 ABGB	Lit., Art. 933 ZGB	Art. 169 ZGB	§ 95 Abs. 2 Asjaõigusseadus	Rspr., Lit.	§ 2 Ges. 1986 (SW); § 1 Ges. 1978 Nr. 37 (NOR)	Art. 118 ZGB	Art. 2297 CC	Art. 464 CC	Art. 1153, 1147 CC	insbes.: sec. 24 SGA, sec 8 FA, sec 25 SGA, sec 9 FA
Eigentümerstellung	+	+	+	+	+	+	+	+	+	+	+	+	+	+
Verfügungsberechtigung	− (nur im Handelsverkehr)	−	−	+ (str.)	+	+	+	+ (str.)	+	−	−	−	−	− (nur im Handelsverkehr)

Psychischer Grad der Bösgläubigkeit als Ausschluss des gutgläubigen Erwerbs

Land	Deutschland	Griechenland	Litauen	Österreich	Schweiz	Polen	Estland	Niederlande	Schweden Norwegen	Ungarn	Frankreich	Spanien	Italien	Großbritannien
	§§ 932−934 BGB	Art. 1036−1039 ZGB	Art. 143 ZGB	§ 367 ABGB	Lit., Art. 933 ZGB	Art. 169 Abs. 2 ZGB	§ 95 Asjaõigusseadus	3:11 B.W.	§ 2 Ges. 1986 (SW); §§ 1 Abs. 2 Ges. 1978 Nr. 37 (NOR)	Art. 118 Abs. 2 Satz 3 ZGB	Art. 2297 CC	Art. 464 CC	Art. 1153, 1147 CC	insbes.: sec. 24 SGA, sec 8 FA, sec 25 SGA, sec 9 FA
Kenntnis	+	+	+	+	+	+	+	+	+	+	+	+	+	+
Grobe Fahrlässigkeit	+	+	+	+	+	+	+	+	+	+	+	+	+	+
Fahrlässigkeit	−	+	−	+ (str.)	+	+	+	+	+	+	−	−	−	− (nur im Handelsverkehr)

Abb. 15: Die unterschiedliche Festlegung des Gutglaubensschutzes und des psychischen Grades der Gutgläubigkeit in den europäischen Rechtsordnungen

232 Ein **Korrektiv** zwischen diesen beiden Polen sieht der Gesetzgeber insbesondere in der Forderung der „Gutgläubigkeit" des Erwerbers. So kann dieser nicht uneingeschränkt, sondern nur dann Eigentum von Nichtberechtigten erwerben, wenn er die tatsächlichen Eigentumsverhältnisse nicht kennt und auch nicht hätte kennen müssen. Das meint das Gesetz (§ 932 BGB) mit dem Begriff der „Gutgläubigkeit des Erwerbers".

Den gutgläubigen Erwerb gibt es in allen Rechtsordnungen **Europas**. Dabei bestimmen die unterschiedlichen europäischen Rechtsordnungen den Grad der Gutgläubigkeit und auch ihren Gegenstand in unterschiedlichem Maße.

233 Diese „Gutgläubigkeit" des Erwerbers knüpft der Gesetzgeber an die tatsächliche Herrschaft über die Sache, also den **Besitz**. Hat der Veräußerer die tatsächliche Sachherrschaft, so kann gewöhnlicher Weise der Erwerber davon ausgehen, er sei auch deren Eigentümer (§ 1006 BGB). Der Besitz ist selbst ein kostengünstiges Mittel, die Eigentümerstellung vermuten zu lassen. Denn es ist für jeden leicht feststellbar, ob der Veräußerer die tatsächliche Einflussmöglichkeit auf die Sache hat (z. B.: durch das „In-den-Händen-Halten", oder deren gesonderte Absperrung).

234 Der **Ausgleich** der unterschiedlichen ökonomischen Interessen des vormaligen Eigentümers und des Erwerbers dürfen nicht einseitig zu Lasten des vormaligen Eigentümers gehen:

235 **Abwandlung des Falls „Folgen einer Reparatur" (Rn. 226):**

Frau Schulz hat den PC nicht zur Reparatur gebracht. Vielmehr ist Herr Ranke des Nachts in die Wohnung der sich im Urlaub befindenden Frau Schulz eingestiegen und hat deren kostspieligen PC mitgenommen. Hätte Herr Knoche auch in diesem Fall bei einer Veräußerung des PCs an ihn das Eigentum an diesem erworben?

Lösung

Es wäre nicht sachgerecht, wenn Frau Schulz auch in diesem Fall ihr Eigentum an den gutgläubigen Herrn Knoche verlöre. Im Gegensatz zum Ausgangsfall hat sie hier nicht den PC freiwillig aus der Hand gegeben. § 935 BGB schließt für diesen Fall, dass wie hier der Gegenstand dem Eigentümer abhanden kommt, den gutgläubigen Eigentumserwerb aus. Herr Knoche kann daher nicht das Eigentum erwerben. Er kann wegen der Nichterfüllung des Kaufvertrages einen Schadensersatzanspruch gegen seinen Vertragspartner, Herrn Ranke (§§ 280, 311a Abs. 2 BGB, 281 BGB), geltend machen.

→ Anregungen zum Weiterdenken VI

III. Der Eigentumserwerb durch den guten Glauben an die Verfügungsberechtigung des Nichteigentümers

Das Handelsrecht – speziell § 366 HGB – erweitert die Möglichkeit des gutgläubigen Eigentumserwerbs von fremden Sachen (siehe oben: Abb. 1 Zeile Nr. 30): Schützen die Vorschriften des BGB (§§ 932 ff. BGB) das Vertrauen des Erwerbers auf die Eigentümerstellung des Veräußerers, so genügt nach § 366 BGB bereits der gute Glaube an die **Verfügungsbefugnis** des Veräußerers. Voraussetzung der Anwendung des § 366 BGB ist allerdings, dass ein Kaufmann einen Gegenstand in seinem Handelsgewerbe veräußert oder verpfändet.

236

Fall „Antiquitäten und Händler":

Herr Ludger Wiedei betreibt einen überregional anerkannten und international renommierten Handel mit Antiquitäten. Am 4.9.2002 bringt ihm Herr Jens Eichler seinen Barockschrank (Moor-Eiche intasiiert, vermutlich Italien um 1754) um dessen Wert schätzen zu lassen. Frau Jakobi möchte sich nun doch von ihrem Biedermeierzimmer trennen und gibt Herrn Wiedei am gleichen Tag einen Tisch (Kirsche massiv) mit vier passenden Stühlen sowie einer Récambière, damit dieser die Möbel veräußere. Herr Marco De Boes interessiert sich für den Barockschrank und das Biedermeierzimmer. In den Verhandlungen schildert ihm Herr Wiedei die Herkunft und Qualität der Möbel, ferner, dass sie ihm zwar nicht persönlich gehören, dass er sie jedoch in Kommission genommen habe. Herr De Boes entscheidet sich kurzentschlossen für den Erwerb des Barockschranks und des Biedermeierzimmers. Wie ist die Eigentumslage?

237

Lösung

Herr De Boes hat das Eigentum an dem Biedermeierzimmer erworben. Die Biedermeiermöbel gab Frau Jakobi in Kommission. Sie erteilte damit im Voraus ihre Zustimmung (Einwilligung) zur Eigentumsübertragung durch den Kommissionär Wiedei an einen gut zahlenden Kunden.
Probleme ergaben sich nun hinsichtlich des Eigentumserwerbes am Barockschrank. Herr Eichler hat ihn zum Schätzen seines Wertes, nicht aber in Kommission gegeben (diesen Irrtum hat Herr Wiedei während des Gespräches verursacht). Seine Einwilligung in die Veräußerung der Sache besteht

daher nicht. Herr De Boes kann auch nicht gutgläubig nach den Vorschriften des BGB das Eigentum erwerben: Er weiß ja, dass der Veräußerer, Herr Wiedei, nicht der Eigentümer des Barockschrankes ist.

Hier hilft aber § 366 Abs. 1 HGB: Herr De Boes vertraute auf Grund der zu pauschalen Aussage von Herrn Wiedei auf die Möglichkeit Herrn Wiedeis, ihm das Eigentum sowohl an dem Biedermeierzimmer als auch an dem Schrank übertragen zu können. Er durfte hierauf auch vertrauen, denn es ist für einen Antiquitätenhändler nichts Ungewöhnliches, auch Gegenstände in Kommission zu nehmen. Sein Vertrauen an die Verfügungsbefugnis von Herrn Wiedei schützt § 366 Abs. 1 HGB. Denn Herr Wiedei ist Kaufmann i. S. d. § 1 (siehe oben: Kapitel 4). Die Veräußerung des Schrankes erfolgte auch im Rahmen seines Handelsgewerbes, hier des Antiquitätenhandels. Herr De Boes hat also gutgläubig gemäß § 366 Abs. 1 HGB den Barockschrank erworben. Herr Eichler hat das Eigentum an seinem Barockschrank an ihn verloren. Er ist nunmehr lediglich auf einen Schadenersatzanspruch gegen Wiedei angewiesen (§ 280 BGB). Denn dieser kann nun, ausgelöst durch seine fahrlässigen Formulierung, seinen Pflichten aus dem zwischen ihm und Herrn Eichler geschlossenen Schätzungsvertrages (= Schätzung **und** Rückgabe des Schrankes) nicht mehr nachkommen.

§ 935 BGB gilt auch im Handelsrecht, so dass ein gutgläubiger Eigentumserwerb an abhanden gekommenen Sachen grundsätzlich selbst hier nicht möglich ist.

238   Die Möglichkeit, auch dann gutgläubig vom Nichtberechtigten das Eigentum erwerben zu können, wenn man zwar nicht an dessen Eigenschaft als Eigentümer glaubt, aber auf dessen Veräußerungsbefugnis vertraut, bringt eine zusätzliche **Beschleunigung des Handelsverkehrs**: Gegenüber einem Kaufmann braucht der Erwerber nicht mehr langwierig zu ermitteln, ob dessen Verfügungsmacht vorliegt oder nicht. Dieser Umstand wertet insbesondere den rechtlichen Handlungsspielraum eines Kommissionärs auf (siehe Rn. 211 ff.). Gleichzeitig schafft diese Befugnis sowohl für den vormaligen Eigentümer als auch für den veräußernden Kaufmann erhebliche wirtschaftliche Risiken.

Hier ist insbesondere seitens des Kaufmannes größtmögliche Umsicht geboten. Verwechslungen – wie oben dargestellt – sind in der Praxis leider nicht untypisch. Der veräußernde Kaufmann ist in solchen Fällen z. T. erheblichen Schadenersatzansprüchen des vormaligen Eigentümers ausgesetzt.

IV. Anknüpfungspunkte des „guten Glaubens"

Der gute Glaube knüpft sich beim Eigentumserwerb an beweglichen Sachen an **239**
den **Besitz** des nichtberechtigten Veräußerers. Hat dieser die Sache in Händen
oder unter Verschluss, so wird er als deren Eigentümer angesehen.
Einen gutgläubigen Erwerb gibt es ebenfalls im Grundstücksrecht. Hier vermittelt die **Eintragung** in das Grundbuch den guten Glauben. D. h. der Erwerber
darf auf den Inhalt des Grundbuches vertrauen. Ist dessen Inhalt falsch und
weist einen anderen als Eigentümer aus, so kann der Käufer – im Vertrauen auf
die Richtigkeit des Grundbuchs – von dem Eingetragenen gutgläubig das Eigentum erwerben.

Beispiel: **240**
Das Testament von Jens Unger vom 4.3.2002 bestimmt dessen einzigen
Sohn Kai als Alleinerben seines Vermögens. Unter Vorlage des Testamentes
und eines entsprechenden Erbscheins trägt das Grundbuchamt Kai Unger,
nach dem Tod seines Vaters, als Eigentümer des 230 ha großen Grundstücks
in Essen-Heisingen in das Grundbuch ein. Erst sieben Wochen nach dieser
Eintragung findet sich das letzte Testament von Jens Unger vom 6.4.2002 in
dem er seine langjährige Lebensgefährtin, Nina Moos, als Alleinerbin einsetzt. In der Zwischenzeit hat Kai Unger das Grundstück an den ahnungslosen Herrn Kriwet verkauft. Das Grundbuch – mit Kai Unger als eingetragenen Eigentümer – war unrichtig. Denn nur das letzte Testament ist
ausschlaggebend (§ 2258 BGB). (Kai kann allenfalls den Pflichtteil [= ½ des
gesetzlichen Erbteil] verlangen.) Der ahnungslose Herr Kriwet hat aber gutgläubig vom Nichtberechtigten, Kai Unger, Eigentum erworben (§ 2258
BGB).

Die **Forderung** ist „abstrakt". Im Gegensatz zu den beweglichen und unbeweg- **241**
lichen Sachen (s. o.) sieht man nicht, wem sie zusteht. Bei Forderungen gibt es

nämlich keinen Anknüpfungspunkt – wie etwa den Besitz oder die Eintragung ins Grundbuch – an dem der Käufer seinen guten Glauben festmachen kann. Aus diesem Grund kennt das Gesetz einen gutgläubigen Erwerb von Forderungen nicht.

Kaufen Sie daher keine Forderung, von der Sie nicht sicher wissen, dass sie besteht. Das Recht schützt Ihren guten Glauben beim Forderungserwerb nicht.

Ebenfalls gewährt das Recht keinen guten Glauben daran, dass die Forderung „einredefrei" – also etwa frei von der Einrede der Stundung – sei. Auch hier erwirbt der Käufer – trotz seines guten Glaubens – die Forderung mit all ihren Einreden.

242

Gegenstand	Rechtsfolge	Anknüpfungspunkt	Vertrauen auf:
bewegliche Sache	Erwerb vom Nichteigentümer	Besitz (= unmittelbare Sachherrschaft an der Sachen) des Veräußerers	Besitzer ist Eigentümer
	Erwerb vom Nichtverfügungsberechtigter	Veräußerung der Sache im Betrieb des Handelsgewerbes des Veräußerers	Kaufmann ist verfügungsbefugt
unbewegliche Sache, Grundstück	Erwerb vom eingetragenen Nichteigentümer	Eintragung im Grundbuch	Eingetragener ist Eigentümer
Forderung	–	–	–

Abb. 16:   Übersicht über die Anknüpfungspunkte des „Guten Glaubens"

243   Anders verhält es sich nur, wenn ein Schriftstück bzw. eine Urkunde über die Forderung besteht. Dann ist die Forderung *„verbrieft"*. Hier ist der **Besitz** an dem Schriftstück möglich. Ein guter Glaube kann sich auf das Schriftstück beziehen. Der Inhaber des Schriftstücks gilt – bei Namens- und Orderpapieren – als Eigentümer nicht nur des Stückes Papier, sondern auch der Forderung. Das Wertpapierrecht nähert Forderungen dem Sachenrecht, d. h. dem Recht der Handhabung beweglicher Sachen, an. Zum gutgläubigen Erwerb von Wertpapieren, speziell von Wechseln und Schecks im Einzelnen, siehe unten: Kapitel 13.

V. Die Grundaussagen des 12. Kapitels

§ 366 HGB lässt den gutgläubigen Erwerb beweglicher Sachen, gegenüber den **244** allgemeinen Vorschriften des BGB (§§ 932 ff., § 935 BGB) erweitert zu. So schützt § 366 HGB nicht nur das Vertrauen des Erwerbers an die Eigentümerstellung des Veräußerers, sondern auch an dessen Verfügungsbefugnis.

Diese Regelung dient dazu, einen kaufmännischen Erwerber einer beweg- **245** lichen Sache nicht zu weiteren zeit- und kostenintensiven Nachforschungen veranlassen zu müssen. Derartige Nachforschungen wären insbesondere hinsichtlich der Verfügungsberechtigung des Veräußerers u. U. sehr aufwendig. Die erweiterte Regelung des Gutglaubenschutzes im Handelsrecht sichert damit die rasche Zuweisung von Eigentum und somit eine schnelle Abwicklung von Eigentumsgeschäften des Handelsverkehrs. Dieser Möglichkeit steht der Umstand gegenüber, dass durch die erweiterte Zulassung des gutgläubigen Eigentumserwerbs vom Nichtberechtigten der Berechtigte sein Eigentum dauerhaft verliert.

→ Anregungen zum Weiterdenken VI

13. Kapitel   Das Recht der Wertpapiere

246 Im Rechtsverkehr existieren zahlreiche **Urkunden**, die eine Forderung zum Gegenstand haben, mit anderen Worten, die ein Recht verbriefen: Zum Teil haben diese Urkunden nur die Funktion, das Recht zu beweisen (z. B.: die Vertragsurkunde, der Schuldschein, die Quittung, die Abtretungsurkunde, der Garderoben-, Gepäck- oder Reparaturschein). Zum Teil lassen sich durch die Übergabe der Urkunden sogar Rechte im Wirtschaftsverkehr übertragen (z. B.: Wechsel, Scheck).

Folgende Übersicht gibt die verschiedenen Funktionen von Wertpapieren auf einem Blick wieder:

247

Funktionen	Beispiele			
Privat-Urkunden				
Beweisfunktion (Beweis zu Gunsten des Gläubigers)	Vertrag, Schuldschein, § 371 BGB			
Liberationsfunktion (befreiende Leistung des Schuldners an den Inhaber der Urkunde mögl.; Leistung auch ohne Urkunde mögl.	+	Quittung, § 370 BGB, Abtretungsurkunde, § 410 BGB; Garderoben-, Gepäck-, Reparaturschein		
„Echte" Wertpapiere				
Vorlagefunktion (befreiende Leistung nur bei Vorlage der Urkunde)	+	+	Anweisung § 783 BGB; Sparbuch § 808 BGB; Hypotheken-, Grund-, Rentenschuldbrief, § 1160 BGB	
Verkehrsfunktion (gutgläubiger Erwerb des Wertpapiers [Umlauffunktion] und gutgläubig einwendungsfreier Erwerb „Radierfunktion" möglich)	+	+	+	Inhaber-Papier: Theater- Bahnfahrkarte, Aktie Order-Papier: Wechsel, Scheck, Namensaktie

Abb. 17:   Funktionen von Wertpapieren und Privat-Urkunden im Wirtschaftsverkehr

Eine andere Einteilung der so genannten „echten Wertpapiere" orientiert sich **248** vorwiegend an deren Übertragungsfähigkeit im Wirtschaftsverkehr:

249

Wert-papier	Berechtigter	Beispiele	Erfüllung	Übertragung	gutgläubiger Erwerb
Rekta-papier	Der [direkt] namentlich Genannte	Sparkassen-buch, Hypothe-kenbrief	befreiende Erfüllung nur an den im Papier genannten (nicht an den Inha-ber)	Nur die Forderung wird übertragen (nach § 398 BGB); das Schriftstück geht dann (unselb-ständig) mit (§ 952 BGB)	Nicht möglich (s.: Verkehrs-funktion des Wertpapiers)
Inha-berpa-pier	Der Inhaber des Papiers	Aktie, Scheck	Leistung an den In-haber (= Vorleger des Pa-piers)	Übereignung des Schriftstückes wie bewegliche Sache (§§ 929 BGB) die Forderung geht dann automatisch mit	möglich
Order-papier	Der nament-lich Ge-nannte, der auch von ei-nem vormali-gen Berechtig-ten auf dem Papier ge-nannt sein kann (das Recht lautet dann an des-sen Order)	Wechsel Orderlager-schein (Or-der-Lade-schein) (siehe Rn. 210)	Leistung an den in der Order genannten	Übereignung des Schriftstückes wie bewegliche Sache (§§ 929 BGB) Nennung und Be-stimmung des nunmehr Berech-tigten (= Indossa-ment)	möglich

Abb. 18:   Einteilung der Wertpapiere

Im kaufmännischen Geschäftsverkehr kommen insbesondere dem Wechsel **250** und dem Scheck eine besondere Funktion zu:

I.   Wechselrecht

251   Der (gezogene) Wechsel ist eine Anweisung, in der der *Bezogene* dem *Aussteller* verspricht binnen einer bestimmten Zeit an einen *Dritten* zu zahlen.

252   Der Wechsel „verkörpert" eine **Forderung** und macht diese wirtschaftlich zu einem Gegenstand des Geschäftsverkehrs. Insbesondere mit der Möglichkeit des gutgläubigen Erwerbs des Wechsels erhöht der Gesetzgeber die Fähigkeit des Wechsels, ein eigener Gegenstand der Wirtschaft zu sein. Dadurch eröffnet der Gesetzgeber den Parteien eine Vielzahl an unterschiedlichen wirtschaftlichen Handlungsmöglichkeiten. Diese sind nachfolgend dargestellt:

1. Akzept des Bezogenen
2. Anschrift des Bezogenen
3. Angaben zum Zahlungsort
4. Betrag in Buchstaben
5. Betrag in Ziffern
6. Ort und Datum der Ausstellung
7. Name des Zahlungsempfängers oder dessen Order
8. Genaue Anschrift sowie Unterschrift des Ausstellers

253   **Beispielsfall („Parfüm-Wechsel"):**
Herr Welp hat am 1.10.2002 (Di.) der Bernadette Li AG mehrere Duft-Essenzen zu einem Preis von 379.981,– € geliefert. Diese verarbeitet die Bernadette Li AG zu einem Luxus-Parfüm, welches sie unter der Marke „Mrs. Li" ab November 2002 auf den Markt bringt. Herr Welp seinerseits schuldet seinem türkischen Importeur, der Kauffrau Frau Ugurlu e. K., bis zum 1.1.2003 (Neujahr) eine Gesamtsumme von 354.400,– €. Statt nun die 379.981,– € von

der Bernadette Li AG einzufordern – die dann noch vor Produktionsbeginn Pleite wäre – und dann diesen Betrag an Frau Ugurlu abzuführen, verlangt Herr Welp von der Bernadette Li AG lediglich 25.581 €. Über die Restsumme (= 354.400,– €) stellt er einen Wechsel mit dem Inhalt aus:

„Gegen diesen Wechsel zahlen Sie (Bernadette Li AG) (Bezogener) in einer Frist von drei Monaten an Frau Ugurlu (Berechtigte) 354.400,– €!"

Nachdem die Bernadette Li AG diesen Wechsel akzeptiert hat, gibt Herr Welp ihn am 18.10.2002 (Fr.) an Frau Ugurlu.

Der Vorteil besteht für alle am Wechselgeschäft Beteiligten:
- Herr **Welp** hat seine Schuld gegenüber Frau Ugurlu durch die Weitergabe des Wechsels bezahlt.
- Frau **Ugurlu** hat mehrere Möglichkeiten, mit diesem Wechsel umzugehen:
  - Sie erhält bereits am 18.10.2002 ihr Entgelt: Sie muss nämlich nicht erst bis zum Fälligkeitstermin des Wechsels warten. Vielmehr kann sie schon jetzt den Wechsel – etwa an ihre (Haus-)Bank oder einen Dritten – weiterverkaufen und so zu „Barem" kommen.
  - Frau Ugurlu kann aber auch mit diesem Wechsel an einen ihren Gläubiger eine andere gegen sie gerichtete Forderung bezahlen.

$$\frac{354.400 \times 7 \times 76}{360 \times 100} = 5.237,24 \qquad \begin{array}{r} 354.400,- \\ \underline{5.237,24} \\ 349.162,76 \end{array}$$

  - (Der Käufer eines solchen „frischen" Wechsels wird den Wechsel nicht in Höhe der vollen Wechselsumme ankaufen. Denn er muss letztlich bis zur Fälligkeit warten, um den Wechsel einlösen zu können und damit den Wechsel zu Geld machen zu können. In der Zeit vom Ankauf des Wechsels bis zu dessen Fälligkeit könnte er selbst sein Bargeld anderweitig u. a. zins- bzw. gewinnbringend nutzen. Um ihn zur Hinnahme dieses Nachteils zu motivieren muss man ihm diesen Nachteil „versüßen". Dies geschieht, indem man ihm Geld, in Gestalt eines Zinssatzes, für die Zeit vom Ankauf des Wechsels bis zu dessen Fälligkeit gewährt. Diesen Zinssatz darf der Käufer des Wechsels gleich von dessen Kaufpreis abziehen (*dis =ab, weg; contare = rechnen*). Also erhält der Käufer den um den Diskont (Zinssatz x Tage) verminderten Nennwert des Wechsels (hier: bei einem Zinssatz von 7 % = 349.162,76 €).

Die Wechselberechnung erfolgt nach der „Eurozinsmethode" (d. h. das Jahr beträgt 360 Tage. Die jeweiligen Monate werden taggenau berechnet.) Da der 1.1.2003 ein Feiertag ist, ist der Zahltag des Wechsels der 2.1.2003 (Di.): 18.10.2002 – 2.1.2003 = 76 Tage

– Letztlich kann Frau Ugurlu bis zum 2.1.2003 (= Verfallstag des Wechsels) warten und dann von der Bezogenen, der Bernadette Li AG, Geld verlangen.

– Möglich ist letztlich noch, dass der Wechselberechtigte seine Bank bittet, den Wechsel für ihn einzuziehen (sog. Inkassogeschäft)

• Die **Bernadette Li AG** hat bis zum 1.1.2003 Zeit. Bis dahin hat sie einen – mit nur 7 % – „billigen" Kredit!

• Sie kann ferner ihr Parfüm auf den Markt bringen und auch mit dem bereits eingenommenen Erlös den Wechsel bezahlen.

Obschon der Wechsel als Zahlungs- und Finanzierungsmittel in der Praxis an Popularität eingebüßt hat, ist er nach wie vor – insbesondere für kleine und mittelgroße Betriebe – ein preiswertes Kreditmittel. Bevor Sie in Verhandlung mit Ihrer Bank über ein kurzfristiges Darlehen treten, überprüfen Sie sinnvollerweise die Möglichkeit, sich durch sog. „Warenwechsel" oder dem „Drei-Monats-Akzept" finanzielle Spielräume zu schaffen.

254 **1. Unabhängige Haftung für die Forderung durch einen Wechsel.** Der Wechsel – oder richtiger: die Verpflichtung aus dem Wechsel – tritt, sofern die Parteien nichts anderes vereinbart haben, als eine **selbständige Verpflichtung** zu der Forderung, für die er geschaffen wurde (§ 364 Abs. 2 BGB).

255 **Abwandlung des Beispielsfalles („Parfüm-Wechsel"):**

Herr Welp hat, auch nachdem er den von der Bernadette Li AG angenommenen Wechsel erhalten hat, immer noch die Kaufpreisforderung (§ 433 Abs. 2 BGB) i. H. v. 379.981,– € gegen die Bernadette Li AG. Diese erlischt nicht durch die Hingabe des Wechsels.

Auch besitzt Frau Ugurlu weiterhin alle ihre Forderungen gegen Herrn Welp i. H. v. 354.400,– €. Die Weitergabe des Wechsels von Herrn Welp an Frau Ugurlu bringt die gegen Herrn Welp aus den Importeurverträgen bestehende Schuld (§ 675 BGB) nicht zum Erlöschen.

Die **Wechselforderung** ist auch völlig von der Forderung, für die der Wechsel **256** erstellt wurde, losgelöst. Der Berechtigte erhält also mit dem Wechsel eine neue, zusätzliche – nämlich wechselrechtliche – Möglichkeit, seinen Anspruch durchzusetzen. Auch insofern kann man sagen, der Wechsel „sichert" eine schuldrechtliche Forderung.

Weitere Abwandlung des Beispielsfalles „Parfüm-Wechsel": **257**
Die Bernadette Li AG untersucht die von Herrn Welp gelieferten Essenzen unverzüglich i. S. d. § 377 HGB. Dabei stellt sie fest, dass alle Essenzen verdorben sind. In diesem Fall könnte die Bernadette Li AG nach § 439 BGB i. V. m. § 434 BGB auf ihr Mängelgewährleistungsrecht (§ 439 BGB; Rücktritt [§ 440 BGB], Minderung [§ 441 BGB] oder Schadenersatz [§ 280, 437 Abs. 3 BGB]) bestehen. Sie bräuchte dann die Lieferung der mangelhaften Essenzen nicht zu bezahlen. Dennoch besteht die Wechselverpflichtung in Höhe ihres Teilakzeptes. Diese Wechselforderung ist von dem Bestand der Kaufpreisforderung unabhängig und somit trotz bestehender Mängelgewährleistungsrechte uneingeschränkt zu bezahlen.

Die rechtliche Eigenständigkeit der Wechselforderung macht den Wechsel so gefährlich. Vergewissern Sie sich – bevor sie einen Wechsel zur Bezahlung von Waren oder Dienstleistungen akzeptieren –, ob mit der Leistung oder Warenlieferung alles in Ordnung ist.

Zwar begründet der Wechsel einen neuen selbständigen Anspruch, der unabhängig zu dem Anspruch der Forderung tritt; der Gläubiger beider Forderungen kann aber selbstverständlich nicht die Bezahlung gleich zweimal verlangen.

	Schuldübernahme	Schuldbeitritt	Garantievertrag	Bürgschaft	Sicherungsübereignung	Pfandrecht §§ 1204 ff.	Hypothek	Grundschuld	Eigentumsvorbehalt
					vorausgehende Sicherungsabrede				
Bestellung	Vertrag D – Gl. § 414 BGB / Vertrag D – Sch. bedarf der Genehmigung des Gl. § 415 BGB	Vertrag (falls nicht ausdrückl. nur bei Eigeninteresse des Beitretenden)	Vertrag (falls nicht ausdrückl. nur bei Eigeninteresse des Garantierenden)	§ 765 BGB insbes. § 766 BGB (§§ 350, 351 HGB)	§ 930 BGB	§ 1205 BGB	§§ 873, 1115 f. BGB Buch- od. Briefhypothek	§ 1191 BGB	§ 929 ff. BGB mit aufschiebend bedingter Einigung des Veräußerers beim Übereignungsvertrag
Wirkung	D tritt an die Stelle des bish. Sch. Dieser scheidet als Sch. aus.	Gl. bekommt zusätzl. Sch.	Garantierender haftet neben Sch.	Bürge haftet nach Sch. ABER: § 771 BGB (§§ 349, 351 HGB) Ausschluss der Einrede der Vorausklage	Eigentumsübergang auf SNehmer	Duldung des Verkaufes (i. d. R. öffentl. Versteigerung)	Duldung in die Zwangsvollstreckung § 1147 BGB	Duldung in die Zwangsvollstreckung §§ 1147 i. V. m. 1192 BGB	Übertragung des Anwartschaftsrechtes auf Erwerber/ Eigentum bleibt beim Veräußerer
Akzessorietät			+	+	nur bei Vereinbarung in Sicherungsabrede	+	+ limitierte Akzessorietät da gutgl. + gutgl. einredefreier Erwerb mögl. + strenge Akzessorietät bei **Sicherungshypothek** § 1184 BGB	–	(–)
Wechsel des Sicherungsgegenstandes	–	–	–	–	– Besitz beim SGeber Eigentum und Besitz (mittelbarer) beim SNehmer	unmittelb. Besitz beim SNehmer (Faustpfand)	–	–	Besitz meist beim Erwerber

D = Dritter
Sch. = Schuldner
Gl. = Gläubiger
SNehmer = Sicherungsnehmer
SGeber/SG = Sicherungsgeber

	Schuldübernahme	Schuldbeitritt	Garantievertrag	Bürgschaft	Sicherungsübereignung	Pfandrecht § 1204 ff.	Hypothek	Grundschuld	Eigentumsvorbehalt
Übertragbarkeit des Sicherungsrechtes	–	–	–	–	durch SNehmer §§ 929 ff. BGB durch SGeber §§ 932 ff. BGB	nur mit Forderung § 1250 BGB kein gutgl. Erwerb eines Pfandrechtes (mögl. aber: gutgl. Entstehen § 1207 BGB; gutgl. Erwerb des Vorranges § 1208 BGB; gutgl. Erwerb des Gegenst. bei Veräußerung § 1244 BGB)	§§ 873, 1153 f. gutgl.: §§ 1155, 892 BGB Buch gutgl. einredefrei: – Einrede gegen Hypothek § 1157 BGB – gegen Forderung § 1138 BGB *kein gutgl. bei* **Sicherungshypothek** *§ 1184 BGB*	§§ 873 BGB; §§ 873, 1155 BGB kein gutgl. (§ 892 BGB) gutgl. Brief §§ 873, (892) BGB, Buch	Eigentümer nur durch vertrl. Abrede gehindert Erwerber mögl. i. S. v. erweiterter, weitergegebener EV od. Übertragung des Anwartschaftsrechtes
Verwertung	Inanspruchnahme des D	Inanspruchnahme der Sch.	Inanspruchnahme des Sch. und des Garantierenden	Inanspruchnahme des Sch. und des Bürgen	als Eigentümer (§ 903 BGB)	Veräußerung §§ 1228, 1233 BGB, insbes. § 1235 BGB Erlöschen der Forderung, § 1247 Satz 1 BGB	§ 1147 BGB Zwangsvollstreckung	§§ 1192, 1147 BGB Zwangsvollstreckung	als Eigentümer (§ 903 BGB)
Rückübertragung des Rechtes	(Erlöschen der Schuld)	(Erlöschen der Schuld)	(Erlöschen der Schuld)	Erlöschen automatisch da Akzessorietät	entspr. Sicherungsabrede a) obligatorisch = Verpfl. zur Rückübertrag gem. § 929 Satz 2 BGB b) dingl. auflösende Bed. der WE des SG beim Eigentumsübertragungsvertrag § 930 BGB	Erlöschen automatisch da Akzessorietät Rückgabe § 1223 BGB (Überschuss an SG § 1247 Satz 2 BGB)	Erlöschen der Hypothek bei Befriedigung des Gl. aus Grundstück § 1181 BGB; Rückfall an Eigentümer § 1163 BGB bei Befriedigung der Forderung	Auf Grund § 812 BGB od. des Sicherungsvertrages	vertrl. Rückübertragungsverpfl. bei dauernder Nichtzahlung
Ausgleichsansprüche des SGebers	vertrgl. gegen Sch.	vertrgl. gegen Sch.	vertrgl. gegen Sch.	gesetzl. § 774 BGB; vertrgl. gegen Sch.	vertrgl. gegen Sch. od./u. Snehmer	gesetzl. § 1225 BGB vertrgl. gegen Sch.	gesetzl. § 1143 BGB vertrgl. Eigentümer gegen Sch. gesetzl. § 1164 (Sch. gegen Eigentümer)	vertrgl. gegen Sch. gesetzl. § 1164 (Sch. gegen Eigentümer)	–

Abb. 19: Sicherungsmöglichkeiten von ausstehenden Forderungen

113

259   Die Rechtsprechung sieht in der Entgegennahme eines Wechsels nämlich die Bereitschaft des Gläubigers, die vertragliche Forderung so lange zu **stunden**, d. h. die Bezahlung der vertraglichen Forderung so lange auszusetzen, bis der Gläubiger erfolglos versucht hat, sein Geld aus dem Wechsel zu bekommen (bereits RGZ 153, 182).

Der Gläubiger muss sich daher zunächst an den Wechsel halten und sich bemühen, sein Geld aus dem Wechsel zu erhalten. Die Wechselschuld geht also vor! D. h. erst wenn die Geltendmachung der Wechselforderung nicht möglich ist, darf der Gläubiger auf die schuldrechtliche Forderung zurückgreifen.

260   **2. Sichere Haftung durch zahlreiche Verpflichtete beim Wechsel.** Im Wirtschaftsverkehr hat der Wechsel einen weiteren enormen Vorteil. Jeder mit seiner Unterschrift auf dem Wechsel stehende haftet.

261   **a) Die wechselrechtliche Haftung des Bezogenen.** Grundsätzlich haftet der Bezogene – also der, auf den der Wechsel gezogen ist oder m. a. W. derjenige, der in der Wechselurkunde angewiesen wird bei Vorlage des Wechsels zu zahlen – dem Inhaber des Wechsels, sofern er diesen Wechsel durch seine entsprechende Unterschrift (i. d. R. *quergeschrieben*) auf der Forderseite des Wechsels angenommen bzw. akzeptiert und den Wechsel weitergeleitet hat (Art. 28 WG). Dabei kann er sein Akzept auch auf einen bestimmten Teilbetrag des Wechsels beschränken (sog. Teilakzept, Art. 26 Abs. 1 Satz 2 WG.

262   **b) Der wechselrechtliche Rückgriff auf Aussteller und Indossanten.** Zahlt der Bezogene einen von ihm angenommenen (*akzeptierten*) Wechsel nicht, oder nimmt er den ihm vorgelegten Wechsel nicht an, kann der Inhaber des Wechsels seine Wechselansprüche auch gegen den Aussteller sowie gegen den bzw. die Indossanten geltend machen (sog. wechselrechtlicher **Rückgriff** Art. 43 ff. WG).

263   **aa) Ausstellerhaftung.** Der Aussteller haftet dem Inhaber nach Art. 9 WG. Möglich ist aber auch, dass der Aussteller den Wechsel auf sich selbst zieht. Aussteller und Bezogener sind dann personengleich (sog. *trassiert-eigener Wechsel* Art. 3 Abs. 2 WG).

Im Unterschied zum trassiert-eigenen Wechsel verspricht der Aussteller eines „**eigenen Wechsels**" oder „**Solawechsels**" selber zu zahlen. Hier gibt es daher gar keinen Bezogenen. Das Wechselrecht lässt diese Sonderform des Wechsels zu und schafft Sondervorschriften in den Art. 75 WG.

bb) Die Indossantenhaftung. Ein Wechsel kann auch im Wirtschaftsverkehr **264** verkauft und übertragen werden. Diese Möglichkeit macht den Wechsel zu einem eigenen **Handelsgut.** Sie steigert so die wirtschaftliche Verwendbarkeit des Wechsels und die ökonomischen Handlungsspielräume der in einem Wirtschaftssystem Beteiligten.

Die „Weitergabe" eines Wechsels verlangt grundsätzlich einen unterschriebenen Vermerk des Übertragenden (des *Indossanten*), aus dem sich ergibt, dass der Wechsel an einen anderen (den *Indossatar*) übertragen werden soll. Meist steht der entsprechende Übertragungsvermerk des Indossanten, das sog. **Indossament,** auf der Rückseite des Wechsels. Rücken heißt im Italienischen *„dos".* Daher kommen auch der Begriff „Indossieren" für die Übertragung des Wechsels auf einen anderen, sowie die Bezeichnungen Indossant bzw. Indossatar für die an der Wechselübertragung Beteiligten. Erforderlich ist neben dem Übertragungsvermerk auf dem Wechsel (dem *Indossament*) die Übergabe (sog. *Begebung*) der Wechselurkunde an den Indossatar.

Auch der Indossant, also der Veräußerer eines Wechsels **haftet,** dem jeweiligen Wechselinhaber (Art. 15 WG).

Folgende Tabelle gibt die in der Praxis wichtigsten **Wechselverpflichteten** wieder: **265**

266

Haftender	Anspruchsgrundlage	Berechtigter	Voraussetzungen
Aussteller	Art. 9 WG	Inhaber (Art. 47 ff. WG)	Ausstellung eines Wechsels und dessen Weitergabe
Bezogener	Art. 28 WG	Inhaber (Art. 47 ff. WG)	Annahme (Akzept) eines Wechsels und dessen Verfall (Art. 33 ff. WG)
Weitergeber des Wechsels (= Indossant)	Art. 15 WG	Inhaber (Art. 47 ff. WG)	wechselrechtliche Weitergabe eines Wechsels (Indossament(e)
möglich auch:			
Wechselbürge	Art. 9, 28, 15 i. V. m. Art. 32 WG Haftung entsprechend desjenigen für den er sich verbürgt hat	Inhaber (Art. 47 ff. WG)	siehe oben: Zeile 1–3

Abb. 20: Haftungsgrundlagen des Wechselrechts

267

> **Lösung Ausgangsfall:** Im obigen Fall haften der Aussteller, Herr Welp, und die Bezogene, die Bernadette Li AG auf Grund ihrer Verpflichtungen aus dem Wechsel der Frau Ugurlu. Das macht den Wechsel – als Zahlungsmittel – so sicher.

Ein Wechsel, der unterschiedliche Personen als Aussteller und Bezogene enthält und zudem zahlreiche Indossanten aufweist, ist wegen der Vielzahl von (Wechsel-)Schuldnern – also aus Gründen der Sicherheit des Wechsels – besonders attraktiv.

268 Alle **Rückgriffsschuldner** (der Aussteller und die Indossanten) haften gleichermaßen, d. h. es gibt keine Rangfolge unter ihnen. Der Inhaber eines Wechsels ist nicht auf seinen unmittelbaren „Vormann" angewiesen. Er kann sich an jeden beliebigen Indossanten oder/und den Aussteller halten (Art. 47 WG Sprungregress).

269 **cc) Der Wechselprotest.** Der rechtlich wirtschaftliche Umstand einer verweigerten Zahlung und/oder einer verweigerten Wechselannahme des Bezogenen muss der Inhaber, wegen den besonders einschneidenden **Haftungsfolgen** für den Aussteller und die Indossanten, in einem besonders strengen und formalen Verfahren feststellen lassen. Diesem Zweck dient der „Wechselprotest" (Art. 44 ff. WG) bzw. das „Protestverfahren" (Art. 79 ff. WG).

270 **c) Ausschluss der Wechselhaftung.** Weniger wertvoll sind natürlich Wechsel, in denen die Wechselverpflichteten ihre Haftung ausgeschlossen haben: Auch dies ist grundsätzlich möglich, allerdings ist hierbei nicht nur zwischen dem Haftungsausschluss wegen einer **fehlenden Annahme des Wechsels durch den Bezogenen** und dem Ausschluss der Haftung für den Fall der **Nichtbezahlung des Wechsels**, sondern auch hinsichtlich der jeweiligen Wechselverpflichteten (Aussteller, Bezogener, Indossant) streng zu unterscheiden:

271 1. Der **Aussteller** kann seine eigene Haftung gegenüber dem Inhaber eines Wechsels nur für den Fall ausschließen, dass der vermeintlich Bezogene den Wechsel nicht akzeptieren und somit keine eigene Wechselverbindlichkeit begründen will. Ein Haftungsausschluss für die Nichtbezahlung des Wechsels ist ungültig und gilt als nicht geschrieben.

2. Der **Bezogene**, hat er erst mal den Wechsel unterschrieben d. h. akzeptiert, **272** kann seine Wechselhaftung natürlich nicht ausschließen; dies wäre widersprüchlich. Er kann die Haftung aber der Höhe nach beschränken (sog. Teilindossament).

3. Die Möglichkeiten der **Indossanten** zum Ausschluss ihrer Wechselhaftung **273** sind umfassender: Sie können ihre Wechselhaftung durch einen Vermerk auf dem Wechsel sowohl für den Fall der fehlenden Annahme des Wechsels als auch für den Fall der Nichtbezahlung des Wechsels ausschließen. Nicht nur der ausdrückliche Ausschluss der Haftung führt zur Freistellung des Indossanten von seiner Haftung. Auch der dem Indossanten mögliche Ausspruch eines Verbotes der Weitergabe des Wechsels bewirkt seine Haftungseinschränkung (Art. 15 Abs. 2 WG).

274

Haftender	Ausschluss der Haftung für		Norm
	Nicht-Annahme des Wechsels	**Nicht-Zahlung** des Wechsels	
Aussteller	+	−	Art. 9 Abs. 2 Satz 1 WG
Bezogener	−	Beschränkung auf Teil der Wechselsumme	Art. 26 Abs. 1 WG
Indossant	+	+	Art. 15 Abs. 1, 2 WG
Wechselbürge	Umfang der Haftung entspricht dem, für den er sich verbürgt hat (siehe: Zeile 1–3)		Art. 32 Abs. 1 WG

Abb. 21: Haftungsausschluss der Wechselverpflichteten

Klauseln die eine Haftungsbeschränkung ausdrücken sind etwa: *„ohne Gewähr"*, *„sine obligo"* oder *„ohne (unser) obligo"*, *„ohne Kosten"*. **275**

Nachfolgender Fall schildert die Bedeutung des Wechsels bei einer Haftungsbeschränkung: **276**

> **Abwandlung des „Beispielsfalles „Parfüm-Wechsel"** **277**
> Wie im Ausgangsfall stellt Herr Søren Welp einen Wechsel in Höhe von 354.400 € für Frau Ugurlu aus. Gleichzeitig schließt er seine Haftung für die Annahme des Wechsels aus. Er legt diesen der Geschäftsführerin der Bernadette Li AG vor. Aus Furcht, den Wechsel bei Fälligkeit der Wechselschuld in drei Monaten nicht vollständig bezahlen zu können, beschränkt die Geschäftsführerin der Bernadette Li AG ihr „Drei-Monats-Akzept" auf einen Betag von 197.000 €. Diesen teilakzeptierten Wechsel gibt sie an Herrn Welp

zurück, der ihn dann Frau Ugurlu weiterleitet. Um rasch an Geld zu kommen, verkauft und indossiert Frau Ugurlu diesen Wechsel dem Herrn Sebastian Nolting. Dabei vermerkt Frau Ugurlu aus der Rückseite des Wechsels, neben ihrem Indossament, *„sine obligo"*.

Im Anschluss an ein „gemütliches Geschäftsessen" im Kollegenkreis, bei dem ebenso qualifiziert mit dem geschäftlichen finanziellen Erfolg angegeben wie Alkohol getrunken wird, schenkt, indossiert und übergibt Herr Nolting – nunmehr mit einem Alkoholgehalt von 3,47 ‰ – diesen Wechsel seinem Kegelbruder Herrn de Boes (2,76 ‰).

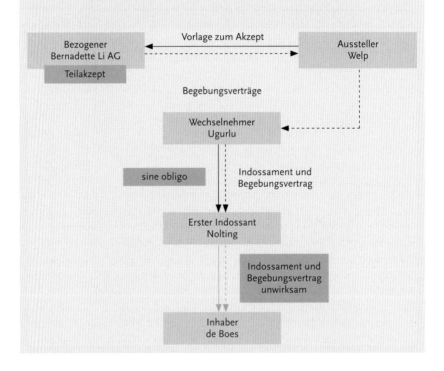

Lösung der Fallabwandlung: Herr de Boes ist zwar Inhaber des Wechsels, **278**
seine wechselrechtlichen Ansprüche sind aber beschränkt:

1. Herr Nolting (der Indossant) haftet **nicht** aus dem Wechsel (nach Art. 15
   WG): obgleich ein gültiges Indossament des Wechsels vorliegt, fehlt es an
   dem erforderlichen Wechselübergabevertrag (sog. Begebungsvertrag)
   zwischen Herrn Nolting und Herrn de Boes. Herr Nolting war infolge
   seines „Geschäftsessens" alkoholbedingt geschäftsunfähig i. S. d. §105
   Abs. 2 BGB (die Rechtsprechung nimmt dazu einen Blutalkoholwert von
   über 3 ‰ an). Seine Willenserklärung zum Abschluss eines wechselrechtlichen Begebungsvertrages war daher nichtig.
2. Frau Ugurlus Haftung nach Art. 15 WG ist aufgrund des Vermerkes „*sine
   obligo*" ebenfalls ausgeschlossen (Dasselbe Ergebnis träte auch ein, wenn
   Frau Ugurlu die Weitergabe des Wechsels untersagt würde [Art. 15
   Abs. 2 WG]).
3. Die Bezogene hat durch das Teilakzept ihre Haftung (Art. 28 WG) auf
   einen Betrag von 197.000 € reduziert.
4. Es bleibt dann nur der Aussteller, Herr Welp, da der Bezogene bezüglich
   des rechtlichen Wechselbetrages die Annahme – zum Teil – verweigert
   hat. Er haftet, als der Aussteller des Wechsels, gemäß Art. 9 Abs. 1 WG in
   Höhe dieses Teilbetrages; also i. H. v. 157.000 €. Herr Welp hat jedoch
   seine Haftung „für die Annahme des Wechsels" rechtswirksam ausgeschlossen. Nur ein Ausschluss der Haftung wegen „Nicht-Zahlung des
   Wechsels" ist dem Aussteller nicht möglich (Art. 9 Abs. 2 WG).

(**Ergänzung:** Der Umstand dass der Inhaber des Wechsels, Herr de Boes,
diesen in den Händen hält, ohne dass ein wirksamer Begebungsvertrag zwischen ihm und Herrn Nolting vorliegt, spielt keine Rolle für die Haftung de
Boes / Bernadette Li AG oder de Boes / Welp. Die Rechtsprechung ergänzt
die sog. „Vertragstheorie" um die Aspekte des Rechtsscheins. Sowohl der
Aussteller als auch der Bezogene begründen durch die Ausstellung bzw. das
Akzept und die wirksame Begebung des Wechsels einen nach außen allge-
meinverbindlichen Rechtsschein ihrer Haftung. Der Makel eines fehlenden
Begebungsvertrages bei irgendeinem Indossanten des Wechsels hat daher
nur in dem Verhältnis Bedeutung, in dem er auftritt [hier: de Boes / Nolting]).

In der Tat ist mit einem solchen Wechsel (sog. *Angst-Wechsel*) wirtschaftlich **279**
wenig wertvoll.

Achten Sie bei der Entgegennahme eines Wechsels nicht nur darauf, wie viele Wechselverpflichtete er aufführt, sondern auch ob und wie diese haften, d. h. auf mögliche Haftungsausschlüsse der Beteiligten.

280   **3. Der Wechsel als selbständiges Handelsgut.** Wie bereits gesehen ist der Wechsel im Rechts- und Wirtschaftsverkehr an beliebig viele Wechselnehmer **übertragbar.** Der Wechsel ist so ein eigener Handelsgegenstand. Natürlich darf ein Wechsel nicht mit vielen **Einreden** und **Einwendungen** belastet sein. Denn sonst könnte jeder ehemalige Wechselberechtigte gegenüber dem jeweiligen Inhaber Gegenrechte erheben. Jeder Erwerber liefe so Gefahr, seine dem Grunde nach bestehenden Ansprüche aus dem Wechsel gar nicht durchsetzen zu können. Der Ankauf eines Wechsels sowie der Handel mit Wechseln würde uninteressant. An einer Stelle der Wechselweitergabe auftauchende Einreden und Einwendungen müssen daher zugunsten des Wechselinhabers verschwinden. Hierzu hat gerade das Wechselrecht eine Menge rechtlicher Möglichkeiten geschaffen:

281   **a) Der gutgläubige Erwerb des Wechsels.** Die Einwendung, der Inhaber habe den Wechsel gar nicht erwerben können, da der Veräußerer nicht der Eigentümer des Wechselns war, beseitigt Art. 16 Abs. 2 WG. Danach kann der Inhaber selbst einen abhandengekommenen Wechsel **gutgläubig** von einem Nichtberechtigten erwerben. Voraussetzung des guten Glaubens ist, dass der Nichtberechtigte den Wechsel in seinen Händen hält und auf ihn eine ununterbrochene Kette von Indossamenten hinweist.

Der Begriff des „Abhandenkommens" umfasst zum Schutz aller Wechselinhaber und zur Gewährleistung der Verkehrsfähigkeit des Wechsels, inhaltlich weitaus mehr als der des § 932 BGB. Im Unterschied zu § 932 BGB (siehe Rn. 227 ff.) greift Art. 16 Abs. 2 WG nicht erst ein, wenn die Wechselurkunde dem früheren Inhaber gestohlen wurde oder bei diesem verloren gegangen ist. Für Art. 16 Abs. 2 WG genügt vielmehr, dass der Wechsel dem früheren Inhaber „irgendwie" abhanden kam. Danach liegt ein „Abhandenkommen" i. S. d. Art. 16 Abs. 2 WG auch dann vor, wenn der Inhaber die Urkunde freiwillig – wenngleich auch ohne rechtswirksamen Begebungsvertrag – aus der Hand gegeben hat (siehe: RGZ 103, 89, BGH WM 1991, 1948).

Art. 16 Abs. 2 WG fasst den Begriff des Abhandenkommens – zur Gewähr-leistung eines besonderen Schutzes des Rechtsverkehrs und der wirtschaft-lich notwendigen „Verkehrsfähigkeit" des Wechsels als umlauffähiges Zah-lungsmittel – großzügiger als § 935 BGB (Zur Funktion und zum Inhalt des § 935 BGB siehe Rn. 227 ff.).

Beispiel: **282**

Im vorangestellten Abwandlungsfall konnte Herr de Boes den Wechsel nicht von dem geschäftsunfähigen Herrn Nolting erwerben. Herr de Boes ist also Nichtberechtigter. Er verkauft und indossiert den Wechsel an Herrn Thomas Hermes, der von dem „ausgedehnten Geschäftsessen", mithin von der Ge-schäftsunfähigkeit des Herrn Nolting, nichts wissen kann.

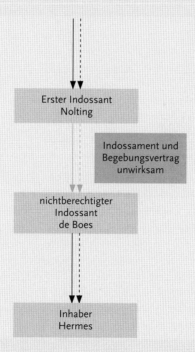

Herr Hermes kann in diesem Fall den Wechsel mit all seinen Ansprüchen gutgläubig gemäß Art. 16 Abs. 2 WG erwerben.

283   **b) Der Ausschluss bestehender Einwendungen gegen einen Wechselanspruch durch den guten Glauben des Erwerbers.** Der Wechsel verlöre auch an wirtschaftlicher Attraktivität, wenn dem Inhaber all jene **Einwendungen** entgegengehalten werden könnten, die ein einzelner Wechselschuldner irgendwann einmal gegen einen der Wechselberechtigten hat erheben können. Auch diese Einwendungen können von dem Erwerber gutgläubig überwunden werden (Art. 17 WG).

 Daher stammt der Ausdruck *„Radierfunktion des Wechsels"*.

284   D. h., ist der Erwerber **gutgläubig** i. S. d. Art. 17 WG – d. h. handelt er beim Erwerb nicht bewusst zum Nachteil des Wechselschuldners, dem die Einrede eigentlich zusteht (und nur dies schließt Art. 17 als Gutgläubigkeit aus!) –, sind folgende Einreden i. S. d. § 17 WG *„ausradiert"*:

- Einwand eines **fehlenden Begebungsvertrages** (z. B. aufgrund Anfechtung [§§ 142, 119, 123 BGB], Sittenwidrigkeit der Wechselbegebung [§ 138 BG]), der Einwand, der Hingabe des Wechsels liege kein wirksames Geschäft zu Grunde [sog. Bereicherungseinwand §§ 812, 821 BGB] z. B. in der Gestalt, dass das mündliche Schenkungsversprechen bezüglich des Wechsels nach § 518 Abs. 1 BGB formungültig sei).

  Diesen Einwand könnte man im obigen Fall zumindest dem Herrn de Boes, nicht aber Herrn Hermes entgegenhalten, der nichts von der Schenkung Nolting / de Boes weiß.

  Allerdings erwirbt der Nehmer des Wechsels bereits durch den Erhalt der Wechselurkunde einen solchen wirtschaftlichen Wert, dass die Übertragung des Wechsels bereits die Schenkung bewirkt und es daher der Einhaltung der Form nicht mehr bedarf (§ 518 Abs. 2 BGB). Der Zweck der Form, nämlich den Wechselübergeber eindringlich zu warnen, ist ja auch schon dann erfüllt, wenn der Berechtigte den Wechsel freiwillig aus den Händen gibt. Auf die zeitlich viel später liegende Bezahlung des Wechsels kommt es, so jedenfalls die herrschende Meinung, zur Heilung eines formungültigen Schenkungsversprechens nicht mehr an.

- Auch den Einwand, die Geltendmachung der Wechselrechte stelle eine **unzulässige Rechtsausübung** (§ 242 BGB) dar, weil etwa ein Wechsel zur Bezahlung eines Vertrages übertragen wurde und dieser Vertrag nicht erfüllt wurde, kann der Erwerber durch einen gutgläubigen Erwerb nach Art. 17 WG überwinden.

Beispiel Ausgangsfall (Rn. 253): **285**

Wäre im Ausgangsfall Frau Ugurlu überhaupt nicht für Herrn Welp tätig geworden, stellt ihr Pochen auf die Bezahlung ihres Wechsels, den Herr Welp ihr ja gerade zur Bezahlung ihrer Tätigkeit übergab, ihre unzulässige Rechtsausübung gegenüber Herrn Welp dar. Diesem Vorwurf setzt sich nach Art. 17 WG Herr Nolting nicht aus. Denn er wusste ja von der Nichterfüllung durch Frau Ugurlu nichts. Hätte er aber mit ihr „gemeinsame Sache" gemacht, d. h. den Wechsel nur erworben, um Herrn Welp den Einwand der unzulässigen Rechtsausübung (der im Verhältnis Welp / Ugurlu nicht aber in seiner Person besteht) abzuschneiden, hätte er damit bösgläubig gehandelt. Denn hier wird Herr Nolting bewusst zum Nachteil des Wechselschuldners Welp tätig. Die Beseitigung der Einrede unzulässiger Rechtsausübung greift zu seinen Gunsten daher nicht

ein. Im Gegenteil, sie bleibt nach Art. 17 1. Hs. WG auch in seinem Verhältnis zu Herrn Welp bestehen. Weiß Herr de Boes von diesen Zusammenhängen nichts, erlischt diese Einrede erst in der wechselrechtlichen Beziehung zwischen de Boes und Herrn Welp.

Nicht durch den gutgläubigen Erwerb löschbar sind folgende Einwendungen: **286**
- Die Unterschrift und Weitergabe eines Wechsels erfolgte durch Einsatz körperlicher Gewalt.
- Der Wechselverpflichtete war infolge seiner Minderjährigkeit geschäftsunfähig (§ 104 f. BGB).
- Der Inhalt des Wechsels ist verfälscht (siehe: Art. 69 WG).

Im Gegensatz zu den obigen Sachverhalten setzt in all diesen Fällen nämlich **287** der Wechselverpflichtete **keinen** zurechenbaren Rechtsschein. Die Rechtsordnung bindet ihn nicht an den durch andere widerrechtlich veranlassten Rechtsschein.

Auch die auf der Wechselurkunde **vermerkten Einwendungen** kann der Erwerb **288** nicht beseitigen (sog. urkundliche Einwendungen). Nachdem diese Einwendungen ausdrücklich und erkennbar auf den Wechsel gesetzt sind, besteht ja überhaupt kein Rechtschein für das Fehlen dieser Einwendungen. Urkundliche Einwendungen „wandern" also mit.

Dem ganzen Wechselrecht – speziell aber der sog. Einwendungslehre – liegen die einfachen Gedanken des Rechtsscheins zugrunde: Derjenige, der zurechenbar d. h. verantwortlich einen Rechtsschein setzt, ist an den Inhalt dieses Rechtscheines gebunden. In den immer wieder von der Rechtsprechung diskutierten Problemfällen geht es nur um die Frage, ob der Erzeuger des Rechtsscheins den Rechtsschein in „zurechenbarer" Weise gesetzt hat.

289 Dazu zum Schluss nur ganz kurz einen **Rückgriff auf unseren Ausgangsfall (Rn. 253):**
Den Einwand, die Wechselverpflichtung sei wegen der Geschäftsunfähigkeit nicht entstanden, wertet die Rechtsprechung (zu Recht) unterschiedlich:

- Beruht die Geschäftsunfähigkeit auf der Minderjährigkeit (Geschäfte eines unter 7-Jährigen §§ 104 f. BGB), kann dieser Einwand nach Art. 17 WG nie überwunden werden. Er bleibt bei allen Wechselerwerbern bestehen. Der Minderjährige haftet daher wechselrechtlich nie.

- Resultiert, wie im Ausgangsfall, die Geschäftsunfähigkeit auf dem freiwilligen Alkoholkonsum (§ 105 Abs. 2 BGB), kann jeder Folgeerwerb (hier z. B.: Herr Hermes) den Einwand eines fehlenden Begebungsvertrages durch seine entsprechende Gutgläubigkeit nach Art. 17 WG überwinden.

290 Der Unterschied zwischen beiden Fällen liegt in der Tatsache, dass ein 0- bis 6-Jähriger keinen **zurechenbaren** Rechtsschein im Zusammenhang mit seinen unmündigen und kindlichen Handlungen setzt. Anders verhält es sich bei einem Erwachsenen, der sich bewusst in den Zustand der Volltrunkenheit versetzt, und so seine eigene Geschäftsunfähigkeit nach § 105 Abs. 2 BGB selbst heraufbeschwört: Dieser ist für sein Handeln verantwortlich. Er setzt einen zurechenbaren Rechtsschein, an den er sich messen lassen muss. So war es insbesondere bei Herrn Nolting, als er sich bei dem „gemütlichen Geschäftsessen" mit Blutalkoholanteil von immerhin 3,47 ‰ selbsttätig und nahezu krankenhausreif „der Realität", nicht nur der des Wechselrechts, vollständig entzog.

291 **c) Der weisungswidrig ausgefüllte Blankowechsel.** Auch die rechtliche Behandlung eines sog. *„Blankowechsels"*, den der Bezogene als solchen und mit der Aufforderung ihn auszufüllen in den Verkehr gibt, spiegelt die Gedanken des Rechtsscheins wider: Füllt etwa der Aussteller den ihm vom Akzeptanten als Blankowechsel zurückgegebenen Wechsel entgegen der zwischen ihm und dem Akzeptanten bestehenden Abrede falsch aus, haftet der Akzeptant auch wechselrechtlich für die falsche Angabe auf dem Wechsel.

Abwandlung des Ausgangsfalls „Parfüm-Wechsel" (Rn. 253): **292**
Die Geschäftsführerin der Bernadette Li AG unterschreibt den ihr von Herrn Welp zur Annahme vorgelegten Wechsel quer und bittet Herrn Welp, er möge – als Mann ihres Vertrauens – die Wechselsumme von 354.400 € in das Formular eintragen. Nur für den Fall, dass eine erwartete Lieferung von Herrn Welp bereits morgen eintrifft, könne Herr Welp den Preis dieser Lieferung (= 7.800 €) noch auf den Wechsel nehmen. Die Lieferung kommt nicht. Dennoch setzt Herr Welp auf dem blanko akzeptierten Wechselformular in eigener Regie den Betrag von 500.000 € ein.

Der Ausgeber eines Blankowechsels hat – in eigener Verantwortung – mit seinem Akzept auf dem Blankowechsel und dessen freiwilliger Weitergabe einen ihm zurechenbaren **Rechtschein** für die Richtigkeit des Inhaltes dieses Blankowechsels gesetzt. Er kann einem Inhaber dieses Wechsels nun nicht mehr entgegenhalten, der Wechsel sei abredewidrig ausgefüllt, so dass er nicht für den falschen Inhalt hafte. **293**

Lösung der Fallabwandlung: **294**
Die Bernadette Li AG hat durch die Ausgabe des Blankowechsels einen Rechtsschein für den nun auf 500.000 € lautenden Wechsel zurechenbar gesetzt. An diesen Rechtsschein muss sie sich nach Art. 10 WG gegenüber allen Erwerbern des Wechsels binden lassen, die diesen gutgläubig – d. h. ohne Kenntnis der abredewidrigen Ausfüllung durch Herrn Welp – erworben haben.

d) Die Wechselfälschung. Genau anders, aber nach den Gedanken der Rechtsscheinhaftung konsequent, verhält sich der Fall, wenn der Text auf einem Wechsel gefälscht wird. Die **Fälschung** seines Textes ist dem Verfasser nicht zurechenbar. Der Wechselausfüller setzt hier keinen ihm zurechenbaren Rechtsschein. Folglich haftet er allen nachfolgenden Wechselinhabern nicht in Höhe des gefälschten Wechsels, sondern nur in Höhe der ursprünglichen Wechselsumme für die er sich tatsächlich verpflichtet hat. Der Fälscher haftet aber allen ihm nachfolgenden Inhabern entsprechend des von ihm geänderten Textes (Art. 69 WG). **295**

Wie schon im Handelsrecht gilt auch hier die eindringliche Warnung: Setzen Sie nicht unbedacht einen Rechtsschein. Gerade im Wechselrecht kommt Großzügigkeit in aller Regel sehr teuer.

296   **4. Wechsel-Rückgriff und Wechsel-Rücklauf.** Nimmt der Wechselinhaber den Aussteller oder einen der Indossanten auf Zahlung des Wechsels in Anspruch (sog. *Rückgriffshaftung*), so hat der den Wechsel Bezahlende einen Anspruch auf Erstattung des Betrages, den er zur Begleichung des Wechsels aufgewendet hat (einschließlich Zinsen ab dem Tag seiner Zahlung [Art. 49 WG]). Dieser Anspruch richtet sich gegen seine Vormänner.

297   **Abwandlung Beispielsfalles „Parfüm-Wechsel":**
Im Ausgangsfall hat Herr Hermes den Wechsel wirksam an seine Frau Heike indossiert und weitergegeben.

298   **Lösung (Wechselrückgriff nach Art. 43 WG):**
Da der Bezogene, die Bernadette Li AG, den Wechsel nur in Höhe ihres Teilakzeptes, also nur i. H. v. 197.000 € angenommen hat, hat sie die Annahme i. H. v. 157.000 € abgelehnt. In dieser Höhe kann der Protest mangels Annahme erfolgen. In dieser Höhe kann Heike Hermes gegen jeden ihrer Vormänner – die Herren Hermes, Nolting, de Boes oder Welp – im Rückgriff nach Art. 43 ff. WG vorgehen.
Frau Ugurlu kommt dabei als Rückgriffsschuldner nicht in Betracht. Denn sie hat ja durch den Hinweis „sine obligo" ihre Indossantenhaftung nach Art. 15 Abs. 1 WG wirksam ausgeschlossen. Auch die Bezogene, die Bernadette Li AG, kommt für den Rückgriff nicht in Betracht: Sie hat ihr Teilakzept vollständig bezahlt.

299   Der wechselrechtliche **Rückgriff** nach Art. 43 WG kann auch dadurch erfolgen, dass der Rückgriffsberechtigte auf den „ausgewählten" Vormann einen neuen Wechsel – den sog. Rückwechsel (Art. 52 WG) – zieht (in der Praxis selten).

300   Zwischen ihrem Ehemann und den Herren Nolting, de Boes (Art. 15 i. V. m. Art. 43 WG) oder Welp (Art. 9 i. V. m. Art. 43 WG) hat Heike Hermes die freie Wahl (Art. 47 Abs. 2 WG). Wählt sie ihren Ehemann, muss dieser nach Art. 15 i. V. m. Art. 43 WG 157.000 € an seine Ehefrau zahlen.
Allen daraus eventuell resultierenden ehelichen Auseinandersetzungen tritt das Wechselgesetz mit Erfolg entgegen:

301   Der im Wechsel-Rückgriff **Zahlende** hat nämlich ebenfalls einen Ersatzanspruch gegen seine **Vormänner** (Art. 49 WG i. V. m. Art. 47 Abs. 3 WG).

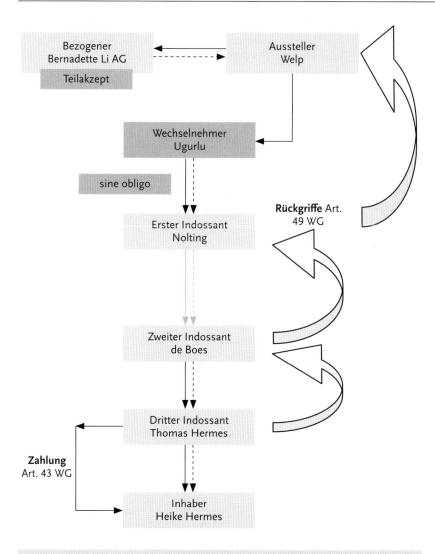

Lösung (Fortsetzung): Der Erstattungsanspruch des Zahlenden Art. 49 WG 302
Gemäß Art. 49 WG i. V. m. Art. 47 Abs. 3 WG hat nun Herr Hermes seinerseits die Möglichkeit, den von ihm gezahlten Betrag von den Herren Nolting, de Boes oder Welp zu verlangen.

303   Zur Geltendmachung dieses Rückgriffsanspruches erhält der jeweils Zahlende den Wechsel zurück (Art. 50 WG, oder, im Fall eines Teilakzeptes, eine beglaubigte Abschrift des Wechsels, § 51 WG). Der Zahlende tritt in seine alte Stellung als Inhaber des Wechsels ein und zwar mit all seinen ihm gegenüber zustehenden Einwendungen.
Der Wechsel wird „rückläufig". Letztlich „stoppt" der Wechsel bei dem Aussteller.

304   An Herrn Welp bleibt die Schuld haften. Dies ist auch sachgerecht. Schließlich hat er ja einen Wechsel über 354.400 € ausgestellt und den nur zum Teil (d. h. nur i. H. v. 197.000 €) akzeptierten Wechsel in den Verkehr gebracht.

II. Grundzüge des Scheckrechts

305   Ein Scheck ist, wie der Wechsel, eine **Anweisung**, eine Geldsumme an einen Dritten zu zahlen. Speziell beim Scheck ist dies die Anweisung eines Kontoinhabers an die kontoführende Bank, an den Zahlungsempfänger zu zahlen. Viele Regeln des Wechselrechtes gelten daher auch für den Scheck.
Dennoch gibt es wesentliche Unterschiede zwischen beiden Wertpapieren: Im Gegensatz zum Wechsel hat der Scheck **keine Kreditsicherungsfunktion**. Er dient nur der Bezahlung, also –praktisch wie ein Geldschein – als Zahlungsmittel. Es gilt somit der einfache Grundsatz:

306   „Wer Geld braucht, gibt einen Wechsel, wer Geld hat, einen Scheck."

307   Aus diesem wirtschaftlichen Unterschied resultieren die rechtlichen **Besonderheiten** des Schecks gegenüber dem Wechsel. Nur die wichtigsten seien hier vorgestellt:

- Ein Scheck ist schon immer dann unmittelbar zahlbar, wenn ihn der Zahlungsempfänger der Bank präsentiert (Art. 28 Scheck-Gesetz; im Folgenden „SchG").
- Das Umwandeln des Zahlungsmittels „Scheck" zu einem Kreditsicherungsmittel durch „Vordatieren des Schecks" ist somit ungültig (Art. 28 Abs. 2 WG).
- Der Inhaber muss den Scheck bereits nach acht Tagen zur Zahlung vorlegen (Art. 29 Abs. 1 SchG).

II. Grundzüge des Scheckrechts

- Um einen Rückgriff des Inhabers gegen die Scheckverpflichteten (z. B.: den Aussteller oder gegen den/die Weitergeber des Wechsels (Indossanten)) auszulösen (sog. Scheck-Regress) bedarf es – im Unterschied zum Wechsel – nicht der Feststellung dessen Nicht-Zahlung durch das Protestverfahren bzw. den sog. Protest. Es gibt zwar auch den „Scheck-Protest" (Art. 41 ff. SchG). Beim Scheck genügt jedoch bereits die wesentlich einfachere, schriftliche und detaillierte Erklärung des Bezogenen (Bank) auf dem Scheckformular (Art. 40 Nr. 2 SchG) oder eine Erklärung der Abrechungsstelle, dass der Scheck rechtzeitig eingeliefert aber nicht bezahlt worden sei (Art. 40 Nr. 3 SchG).
- Nach Ablauf der Vorlegefrist verfällt der Scheck und alle in ihm enthaltenen Ansprüche (Art. 40 SchG). Dem Inhaber des Schecks steht dann allenfalls ein scheckrechtlicher Bereicherungsanspruch gegen den Aussteller zu (Art. 58 SchG).
- Die Ausfertigung mehrerer inländischer Schecks in Gestalt von Kopien, Vervielfältigungen und/oder Abschriften unterbleibt grundsätzlich (Art. 49 f. SchG). Hierfür besteht erstens kein Bedürfnis, nachdem der Scheck nicht zur Annahme an den Bezogenen versendet werden muss (s. vorigen Punkt). Zweitens könnte mit der Vervielfältigung des Zahlungsmittels „Scheck" vielfacher Missbrauch getrieben werden.
- Als Zahlungsmittel kann der Scheck an den Inhaber selbst zahlbar gestellt werden (Art. 5 SchG). Der Inhaber selbst ist dann Zahlungsempfänger des Schecks. Dies ist beim Scheck sogar die Praxis.
- Der Scheck darf zwar nur auf einen Bankier gezogen werden (Art. 3 SchG i. V. m. Art. 54 SchG). Um zu vermeiden, dass der Bezogene den Scheck dann doch als Kreditsicherungsmittel einsetzt, schließt Art. 4 SchG die „Annahme" eines Schecks durch den Bezogenen aus.
- Das Verbot einer scheckrechtlichen Haftung kann der Bezogene auch nicht dadurch umgehen, dass er als Indossant oder Scheckbürge wechselrechtlich haftet. Denn auch sein Indossament oder seine Scheckbürgschaftserklärung erklärt Art. 15 Abs. 3, Art. 25 Abs. 2 SchG für ungültig.
- Die Zahlungsverpflichtung der bezogenen Bank tritt allein dadurch ein, dass zwischen ihr und ihrem Kunden ein besonderer Scheckvertrag besteht. Aus diesem Grund muss der Scheckaussteller bei der Bank ein Konto haben (Art. 3 SchG).

Ausschlaggebend für die Zahlungspflicht des Bezogenen ist in weitgehendem Maße der **Scheckvertrag**. In ihm verpflichtet sich die Bank gegenüber ihrem Kunden zur Einlösung des ihr vorgelegten Schecks.

308

Banken reduzieren allerdings ihre **Einlösungspflicht** in dem Scheckvertrag: So besteht die Einlösepflicht oft nur für den Fall, dass der Scheck – durch ein bestehendes Guthaben auf dem Konto des Scheckausstellers – gedeckt ist. Ferner wälzen Banken oft das Risiko der Einlösung von gestohlenen oder nur schwer erkennbaren Scheckfälschungen auf den Bankkunden ab: Konnte die Bank nicht erkennen, dass der ihr vorgelegte Scheck gestohlen und/oder gefälscht worden ist, so wird sie durch ihre Zahlung an den Nichtberechtigten von ihrer Verpflichtung aus dem Scheckvertrag frei. Das Konto des Bankkunden hat sie dann zulässigerweise belastet. Schadenersatzansprüche des Kunden gegenüber der den Scheck einlösenden Bank ergeben sich nur in dem Fall, in dem die Bank ihrer Sorgfaltspflicht – insbesondere nach Kontrolle des Zahlungsvorganges – nicht nachgekommen ist.

Derartige Haftungsfreizeichnungen zeichnen zum Großteil nur die Gesetzeslage des Scheckgesetzes nach. Insbesondere um den Scheck **verkehrsfähig** zu machen, besteht die Notwendigkeit eines großzügigen Vertrauensschutzes im Rechts- und Wirtschaftsverkehr. Der Rechtsverkehr soll sich daher grundsätzlich darauf verlassen können, dass ein Besitzer eines ausgefüllten Schecks auch der Berechtigte ist. Dieses Vertrauen wirkt kostenaufwendigen und gesamtwirtschaftlich unsinnigen Ermittlungen hinsichtlich der Frage der Scheckberechtigung entgegen.

309 Das Scheckgesetz schützt in Art. 21 Abs. 2 SchG dementsprechend das **Vertrauen des Rechtsverkehrs** großzügig (vergl.: BGHZ 102, S. 316, 318 [m. w. H.]). Lediglich in den Fällen, in denen der Scheckerwerber bzw. die einlösende Bank, die Nichtberechtigung des Inhabers kennt oder diese grob fahrlässig übersehen hat, steht ihm der Vertrauensschutz nicht zu.

Die in der Praxis gebräuchlichste Form des Schecks ist der sog. Inhaber-Scheck: Er lautet entweder auf den jeweiligen Inhaber des Schecks (Art. 5 Abs. 1 SchG). Auch kann die Angabe des Nehmers auf dem Scheck fehlen (Art. 5 Abs. 3 SchG). Banken und Kreditinstitute verwenden ferner Scheckformulare, die zwar auf eine bestimmte Person lauten, aber zusätzlich eine „Überbringerklausel" enthalten. Auch diese Schecks gelten gemäß Art. 5 Abs. 2 SchG als Inhaberschecks.

1. Betrag in Buchstaben
2. Währungskürzel (EUR)
3. Betrag in Ziffern
4. An ... oder Überbringer
5. Ausstellungsort und Datum
6. Unterschrift des Ausstellers

Abb. 22: Scheckformular

Die Übertragung von Inhaberschecks erfolgt **nicht** durch ein Indossament. Zur Übertragung, also Weitergabe eines Inhaberschecks genügen vielmehr die allgemeinen sachenrechtlichen Vorschriften des BGB zur Eigentumsübertragung (= §§ 929 ff. BGB).

310 Dies bedeutet, dass der Inhaberscheck seinen Inhaber wechselt, ohne dass dieser Vorgang oder der neue Scheckberechtigte auf dem Scheck erscheint. Es ist daher durchaus möglich, dass jemand einen Inhaberscheck einlöst, der selbst nicht auf dem Scheck genannt ist (sog. disparischer Scheck). Zur Einlösung eines Schecks muss die Bank den Scheck erst einmal erwerben. Dann kann sie den Betrag dem Scheckvorleger entweder in bar auszuzahlen oder bei einem Verrechnungsscheck die Summe auf dem Konto des Scheckeinreichers gutschreiben.

Verrechnungsschecks sind insofern sicherer als normale Schecks, als das Geld auf dem Konto des Einreichers wenigstens bis zum Zeitpunkt der Barauszahlung verbleibt und außerdem der Einlöser immer identifizierbar ist.

311

Fall:

Die Firma „TRiPP GmbH" ist ein Reiseunternehmen mit zahlreichen Filialen in Deutschland. Als solches akzeptiert sie von ihren Kunden zur Bezahlung der Reisen Inhaber-Verrechnungsschecks.

Von November 1999 bis Februar 2003 unterschlug die kaufmännische Angestellte Martina Müller der Firma „TRiPP GmbH" insgesamt 47 erkennbar aus dem kaufmännischen Geschäftsverkehr stammende Inhaber-Verrechnungsschecks. Frau Müller arbeitete seit langem ohne Beanstandungen bei der Firma „TRiPP GmbH". Sie war dort mit der Abwicklung von Büroarbeiten betraut. In diesem Rahmen hatte sie Zugang zu den eingegangenen Schecks der Firma „TRiPP GmbH". Die unterschlagenen Schecks legte sie in regelmäßigen Zeitabständen der Sparkasse XYZ vor und ließ sich von dieser die Schecks auf ihr bei derselben Sparkasse bestehendes privates Gehaltskonto gutschreiben. Die unterschlagenen Schecks lauteten alle auf die Firma „TRiPP GmbH" und wiesen jeweils extrem unterschiedliche hohe Beträge (von ca. 2.000,– bis 25.000,– €) auf. Auf Grund der Gutschrift der abhanden gekommenen Schecks entstand der Firma „TRiPP GmbH" ein Gesamtschaden von ca. 150.000,– €.

Die „TRiPP GmbH" verlangt einen entsprechenden Betrag von der Sparkasse ersetzt.

Lösung:

Hier stünde der „TRiPP GmbH" ein Schadenersatzanspruch gegenüber der Bank nach §§ 990 BGB i. V. m. § 989 BGB i. V. m. Art. 21 SchG zu, wenn die Sparkasse einen abhanden gekommenen Scheck bösgläubig – d. h. **grob** fahrlässig – entgegengenommen hätte. An dem „Abhandenkommen" i. S. d. § 935 BGB kann nicht gezweifelt werden: Der hier in Frage kommende spezialgesetzliche Begriff des „Abhandenkommens" des Scheckrechts ist mit dem in § 935 BGB enthaltenen Begriff nicht identisch, sondern erweitert diesen wesentlich. Abhanden gekommen ist ein Scheck somit nicht nur, wenn der Eigentümer oder sein Besitzmittler den unmittelbaren Besitz ohne oder entgegen seinen Willen verloren hat (§ 935 BGB). Vielmehr ist von einem „Abhandenkommen" i. S. d. § 21 SchG bereits dann auszugehen, wenn der

Scheck ohne einen wirksamen Begebungsvertrag in die Hände des Einreichers gelangt ist (BGH NJW 1995, S. 3315 [m. w. H.]). Die kaufmännische Angestellte erhielt den Scheck lediglich zur weiteren Bearbeitung im Rahmen ihres Angestelltenverhältnisses für die „TRiPP GmbH" ausgehändigt. Ein wirksamer Begebungsvertrag, mit welchem die kaufmännische Angestellte selbst zur Eigentümerin des Schecks werden sollte, fehlt hier.

Weit schwieriger als die Feststellung des Abhandenkommens des Schecks ist die Frage nach der Bösgläubigkeit der Sparkasse beim Erwerb des Schecks zu beantworten: Die den abhanden gekommenen Scheck entgegennehmende Sparkasse handelt dann grob fahrlässig, wenn sie die im Verkehr erforderliche Sorgfalt bei der Hereinnahme des Schecks in einem ungewöhnlich hohen Maße verletzt (BGH WM 1991, S. 1948 [m. w. H.]). Das besonders hohe Maß an Fahrlässigkeit ist seitens der Sparkasse erreicht, wenn Umstände der Sparkasse so ungewöhnlich und verdächtig erscheinen, dass die Sparkasse sich bei einfachster Überlegung einer Erkundigungspflicht nicht entziehen kann, ohne sich des Vorwurfs eines leichtfertigen Verhaltens auszusetzen (ständige Rechtsprechung: BGH NJW 1994, S. 2093, 2094 [m. w. H.]).

Heftig umstritten ist nun die Frage, ob bereits wie hier, die Verschiedenheit von dem auf dem Formular eines Inhaber-Schecks aufgeführten Berechtigten und dem jeweiligen Einreicher (sog. disparischer Scheck, dazu siehe: oben) ausreicht, eine besondere Prüfungs- und Nachforschungspflicht der Sparkasse zu begründen: Die bisherige, überwiegend in den achtziger Jahren entwickelte Rechtsprechung des BGH zur Entgegennahme abhanden gekommener disparischer Inhaber-Schecks verneinte grundsätzlich das Entstehen einer Nachforschungspflicht allein aus dem Umstand des Abweichens von im Scheck genannten Berechtigten und dem Einreichenden (BGH NJW 1993, S. 1558 ff., 1585; BGH NJW 1993, S. 1066, 1068; BGH NJW 1988, S. 2798; BGH NJW 1987, S. 1264, 1265; BGH NJW 1980, S. 2353 f.; BGH WM 1974, S. 1000): Zwar begründe das Einreichen eines (disparischen) Schecks durch den nicht in ihm Genannten einen „Anfangsverdacht" der Sparkasse, es müssen jedoch zu diesem Anfangsverdacht weitere Gesichtspunkte hinzutreten, um eine besondere Nachforschungspflicht der Sparkasse zu begründen. Denn es sei, nach Ansicht des BGH *„im kaufmännischen Verkehr nicht ungewöhnlich, dass der erste Schecknehmer, der im Scheckformular aufgeführt ist, den Scheck ... zahlungshalber in den Verkehr gibt."* (BGH NJW 1988, S. 2798; BGH NJW 1987, S. 1264, 1265).

Diese Meinung verwirft die neuere Literatur und Rechtsprechung zu Recht: Das OLG Celle (OLG Celle WM 1990, S. 2069) bewertet die Vorlage eines disparischen Inhaber-Schecks an sich als besonders verdachtserregend und als eine Nachforschungspflicht auslösend. In dem Nichtnachkommen dieser Nachforschungspflicht sah das OLG Celle ein grob fahrlässiges Verschulden der Bank: *„Dass große Industrieunternehmen ... Schecks an private Dritte weitergeben, ist gänzlich ungewöhnlich. Vielmehr werden sie gewöhnlich auf ein eigenes Konto eingereicht."* (OLG Celle WM 1990, S. 2069). Das OLG München qualifiziert die Einziehung eines disparischen Schecks als *„in höchstem Maße verdachtserregend"* (OLG München WM 1992, S. 1524; siehe: dazu: BGH NJW 1993, S. 1583). Seit seiner Entscheidung vom 12.12.1995 – ZR 58/95 – geht der BGH selbst davon aus, dass seine frühere Rechtsauffassung nicht mehr zeitgemäß und daher unzutreffend ist. *„Die bisherige Rechtsprechung beruht auf dem jeweils nicht substantiiert bestrittenen Vorbringen, Inhaber-Verrechnungsschecks würden – entsprechend der rechtlichen Möglichkeit – im kaufmännischen Verkehr von dem im Scheck Begünstigten durchaus zahlungshalber wieder in den Verkehr gebracht."* (BGH WM 1996, S. 248, 249). Der geänderten Ansicht des BGH folgt das LG Stuttgart. Das Gericht verweist erstmalig auf ein in Auftrag gegebenes Gutachten: *„Nach den dort getroffenen Feststellungen halten es 83,6% der befragten Großunternehmen für unüblich, Inhaberverrechnungsschecks zahlungshalber weiterzugeben."* (LG Stuttgart ZIP 1997, S. 141, 143 [m. w. H.]).

Folgt man der in ihren praktischen Erwägungen zutreffenden neueren Rechtsauffassung deutscher Obergerichte zur Prüfungs- und Nachforschungspflicht bei der Einreichung disparischer Schecks, liegt allein schon in dem Unterlassen der Nachforschung der einen disparischen Scheck entgegennehmenden Sparkasse ein grob fahrlässiges Verschulden. Ein entsprechender Schadenersatzanspruch des wahren Scheckbegünstigten aus §§ 990, 989 BGB i. V. m. Art. 21 SchG gegen die Sparkasse ist daher gegeben.

III. Die Grundaussagen des 13. Kapitels

312   Echte Wertpapiere (etwa: Inhaber- und Orderpapiere [z. B.: Wechsel, Scheck, Inhaberschuldverschreibungen, Investmentanteilsscheine]) haben im Unterschied zu Beweisurkunden (z. B.: Schuldscheinen, Verträgen) und/oder zu Liberationsurkunden (Quittung, Abtretungsurkunde, Gepäck, Aufbewahrungs- und Reparaturschein), welche eine befreiende Leistung an den Inhaber der Urkunde ermöglichen, den Vorteil, dass sie im Wirtschaftsverkehr

- nur denjenigen zur Leistung verpflichten, dem die Urkunde vorgezeigt wird **313** (Vorlagefunktion), und/oder,
- dass sie im Rechtsverkehr selbständig veräußerbar (indossierbar) sind (Umlauffunktion) und auch einem gutgläubigen Erwerb bzw. einem gutgläubig lastenfreien Erwerb zugänglich sind (Radierfunktion).

Hierdurch werden sie für den Wirtschaftsverkehr sicher zu einem im Wirt- **314** schaftsleben tauglichen Handelsobjekt. Diesen Effekt unterstützt die sog. Wechselstrenge. Wechselstrenge bedeutet, dass zur Begründung einer Wechselverbindlichkeit sehr formelle Anforderungen zwingend einzuhalten sind und dass sich der Inhalt der Wechselverbindlichkeit grundsätzlich nur aus dem Dokument selber ergibt.

Die Sicherheit insbesondere eines Wechsels, erhöht das WG dadurch, dass es eine Vielzahl von Personen in den „Haftungsverband" aufnimmt. Dem Wechselinhaber haften grundsätzlich: Der Bezogene (Art. 28 WG), der Aussteller (Art. 9 WG), jeder Indossant (Art. 15 WG), sowie auch ein möglicher Wechselbürge (Art. 28, 9, 15 i. V. m. Art. 32 WG). Der Inhaber eines Wechsels kann diese Personen in Anspruch nehmen, wenn der Wechsel nicht bezahlt wird (§ 43 WG). Die Nichtbezahlung des Wechsels oder seine Nicht-Annahme durch den Bezogenen stellt die öffentliche Urkunde, nämlich der Protest mangels Annahme oder mangels Zahlung, fest (§ 44 i. V. m. § 79 ff. WG). Zahlt eine der oben genannten Personen, kann sie ihrerseits von allen Wechselverpflichteten, die zeitlich vor ihm ihre Wechselverbindlichkeit begründet haben (sog. Vormänner), Zahlung verlangen, m. a. W. diese in Rückgriff oder Wechselregress nehmen (§ 49 WG).

Der Umstand, dass die Bezahlung eines Wechsels i. d. R. nach einer längeren Laufzeit als die ihm zugrunde liegende Forderung erfolgen muss (z. B.: Dreimonatsakzept), macht den Wechsel zu einem hervorragenden Kreditsicherungsmittel.

Gegenüber dem Wechsel hat ein Scheck eine andere Funktion. Er dient vorrangig als Zahlungsmittel.

→ Anregungen zum Weiterdenken VII

Stichwortverzeichnis

Die Ziffernangaben beziehen sich auf die Randnummern des Buches.

Handelsvertreter 107
Handwerk 29

I

Informations- und Ermittlungskosten 231
Inhaber-Verrechnungsschecks 311,
Ist-Kaufmann 25, 43, 45, 57, 75

K

Kann-Kaufmann 25, 44, 57
Kommissionär 35, 97, 118, 212, 215, 221, 237, 238
Kommittent 97, 212, 214
Konnossement 7, 210

L

Ladeschein 7, 199, 210
Lagerhalter 35, 97, 118, 206
Lagerkosten 7, 9, 127
Lagerschein 7
Land- und forstwirtschaftliche Betriebe 55
leicht verderblich 155
leicht verderbliche Waren 138
Liefermenge 144

M

Makler 164
Marke 64, 71, 78, 253
Minderung 160, 175

N

Nachbesserung 124
Nacherfüllung 124, 161
Nachlieferung 124, 130, 175
Nachweis 111
Nichtberechtigter 7, 18, 224, 227, 230, 232, 238, 240, 245, 281, 282, 308
Notverkauf 7, 174, 182

O

Orderlagerschein 210, 249
Ordnungsgeld 63

P

persönliche Verhinderung 82, 159
Pfandrecht 7, 212
Prokura 44, 75, 105
Prokurist 17, 97, 101, 105, 179
Protestverfahren 269, 308
Provisionen 7, 21, 110

R

Rechtsschein 49, 53, 54, 57, 287, 295
Reparaturschein 246
Rohstoffe 9
Rüge 7, 17, 156, 164, 167, 179

S

Sachverständige 141, 155
Sammellagerung 206
Schadenersatz 123, 124, 161, 197, 229
Scheck 243, 246, 250, 307, 309, 310
Schein-Kaufmann 25, 57
Schlechterfüllung 2
Schuldversprechen 7, 111
Sorgfalt 7, 51, 84, 91, 141, 146, 197, 208
Spediteur 35, 81, 97, 118, 190, 197, 204, 217, 220
Stichproben 142, 143, 155, 170
Streckengeschäft 165

T

Transportkosten 124

U

Umzugsgut 203
Untersuchung 7, 17, 130, 131, 136, 140, 146, 147, 152, 155, 158, 162, 167, 170, 179, 212

V

Veräußerungsberechtigung 18
Verbraucher 207
Verfügungsbefugnis 224, 237, 244
Vermutungen 12, 17, 23, 100, 199
Verpackung 191
Versorgung des Marktes 9
Versteigerung 174, 186

Vertragsstrafe 7, 46
Vertrauen 99, 186, 236, 237, 239, 242, 244, 308
Vertreter 99, 164, 214
Vertretungsbefugnis 99
Verzug 2, 7
Vordatieren des Schecks 307
Vorstandsmitglieder 48

W
Wandlung 124, 130, 161, 175, 179
Ware 2, 7, 11, 16, 17, 81, 82, 84, 101, 124, 132, 142, 149, 192, 214, 216, 221, 231

Wechsel 2, 7, 37, 74, 243, 246, 249, 251, 253, 256, 259, 264, 267, 272, 278, 280, 282, 283, 285, 291, 292, 296, 303, 307, 311, 312, 314
Weisungen 116, 212

Z
Zahlungs- und Finanzierungsmittel 253
Zahlungsmittel 281, 305, 307
Zug um Zug 7
Zurückbehaltungsrecht 7, 85, 176, 187, 220
Zu-Wenig-Lieferung 169
Zwangsgeld 27, 74, 77

2010. 154 Seiten. Inkl. CD-ROM. Kart.
€ 17,90
ISBN 978-3-17-020940-4
Kompass Recht

Michael Beurskens

BGB I: Vertragsrecht

Schuldrecht, Allgemeiner und Besonderer Teil

Anhand zahlreicher **Beispiele** und **Schaubilder** stellt das Buch für Studenten zur Einführung sowie für Praktiker vorrangig die maßgeblichen Regelungen des Schuldrechts dar, außerdem dessen systematischen Zusammenhang mit dem Allgemeinen Teil des Bürgerlichen Gesetzbuchs. Alle wichtigen rechtlichen Fragestellungen der unterschiedlichen Vertragsformen – vom Kaufvertrag über den Mietvertrag bis hin zum (Pauschal-)Reisevertrag – werden **wissenschaftlich fundiert, praxisorientiert und verständlich** erläutert. Die **beiliegende CD** enthält **eine Hörfassung** des Buchinhalts (MP3), die im Buch in Bezug genommenen Urteile und Regelungen des BGB, **ca. 50 Schaubilder** und **Übersichten, interaktive Fälle** und einen **Multiple-Choice-Test** zur Überprüfung des Gelernten.

De Autor:
Dr. Michael Beurskens, LL.M., ist Akademischer Rat (a.Z.) an der Heinrich-Heine Universität Düsseldorf.

W. Kohlhammer GmbH · 70549 Stuttgart · www.kohlhammer.de

2010. 160 Seiten mit 8 Abb.
Inkl. CD-ROM. Kart.
€ 17,90
ISBN 978-3-17-020933-6
Kompass Recht

Andreas Neef

BGB II:
Recht der beweglichen Sachen

Das Recht der beweglichen Sachen ist unverzichtbarer Gegenstand von Klausuren und Facharbeiten. Anhand zahlreicher **Beispiele** und **Schaubilder** stellt das Buch vorrangig für Studenten und Praktiker die maßgeblichen einschlägigen Regelungen des Bürgerlichen Gesetzbuchs dar. Alle wichtigen rechtlichen Fragestellungen werden wissenschaftlich fundiert, praxisorientiert und verständlich erläutert. Daneben werden dem Leser im Buch selbst zahlreiche Lernhilfen wie Merksätze, Schaubilder und Übungen an die Hand gegeben.

Die **beiliegende CD** enthält **eine Hörfassung** des Buchinhalts (MP3), **interaktive Fälle** und einen **Multiple-Choice-Test** zur Überprüfung des Gelernten.

De Autor:
Dr. Andreas Neef, LL.M., MA., Heinrich-Heine Universität Düsseldorf.

W. Kohlhammer GmbH · 70549 Stuttgart · www.kohlhammer.de

2010. 96 Seiten. Kart. € 19,90
ISBN 978-3-17-020894-0

Schade/Beckmann/Pfaff

Fälle zum Arbeitsrecht

Das Studienbuch „Fälle zum Arbeitsrecht" wendet sich an alle Studierenden der Rechtswissenschaften sowie von Bachelor- und Masterstudiengängen an Universitäten, Fachhochschulen, Berufs- und Verwaltungs- und Wirtschaftsakademien, die an Arbeitsrechtsvorlesungen teilnehmen und in Klausuren auch Arbeitsrechtsfälle im Gutachtenstil zu lösen haben. Dabei haben die Autoren aktuelle Fälle ausgewählt, für die sie klar gegliederte, überschaubare und verständliche Lösungen anbieten.

Die Autoren:
Prof. Dr. Friedrich Schade MBA lehrt sei 1995 Arbeitsrecht, Bürgerliches Recht und Wirtschaftsrecht an verschiedenen Fachhochschulen, seit 2001 an der privaten, staatlich anerkannten Hochschule BiTS Business and Information Technology School in Iserlohn.
Prof. Dr. Dirk Beckmann ist Rechtsanwalt sowie Fachanwalt für Arbeitsrecht, Handels- und Gesellschaftsrecht und lehrt seit 2008 an der privaten, staatlich anerkannten Fachhochschule für Oekonomie & Management Arbeitsrecht und Wirtschaftsrecht.
Prof. Dr. Stephan Oliver Pfaff ist Rechtsanwalt und lehrt Arbeitsrecht, Bürgerliches Recht und Wirtschaftsrecht an der privaten, staatlich anerkannten SRH Hochschule Heidelberg.

W. Kohlhammer GmbH · 70549 Stuttgart · www.kohlhammer.de